马克思实践视域下的
正义观及其当代价值

牟海侠　著

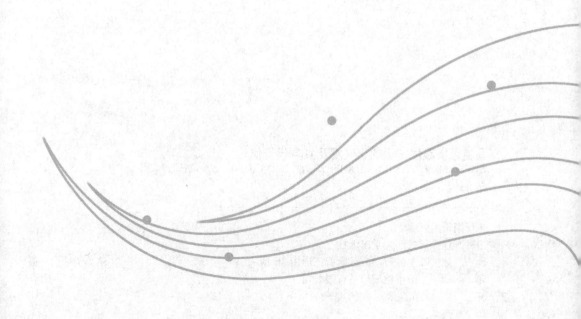

黑龙江大学出版社
HEILONGJIANG UNIVERSITY PRESS
哈尔滨

图书在版编目（CIP）数据

马克思实践视域下的正义观及其当代价值 / 牟海侠
著 . -- 哈尔滨：黑龙江大学出版社，2023.9
ISBN 978-7-5686-1005-6

Ⅰ . ①马… Ⅱ . ①牟… Ⅲ . ①马克思主义—正义—研
究 Ⅳ . ① A811.64

中国国家版本馆 CIP 数据核字（2023）第 149586 号

马克思实践视域下的正义观及其当代价值
MAKESI SHIJIAN SHIYU XIA DE ZHENGYIGUAN JI QI DANGDAI JIAZHI
牟海侠　著

责任编辑	张永生	
出版发行	黑龙江大学出版社	
地　　址	哈尔滨市南岗区学府三道街 36 号	
印　　刷	三河市铭诚印务有限公司	
开　　本	720 毫米 ×1000 毫米　1/16	
印　　张	11.75	
字　　数	197 千	
版　　次	2023 年 9 月第 1 版	
印　　次	2023 年 9 月第 1 次印刷	
书　　号	ISBN 978-7-5686-1005-6	
定　　价	48.00 元	

本书如有印装错误请与本社联系更换，联系电话：0451-86608666。

前　言

自进入文明社会以来，人类对正义的探求及追寻从未停止。正义是伴随人类社会而生的古老话题，而对美好社会的向往作为经久不衰的动力也使得人们对于正义的思考历久弥新。如何理解正义并用正义思想改造现实社会，是哲学家们探讨的重大课题，正如康德所言，"如果公正和正义沉沦，那么人类就再也不值得在这个世界上生活了"①。通过推动传统哲学发生伟大变革，马克思开辟了解决正义问题的全新理论视野，颠覆了长期在政治哲学领域占据统治地位的思辨正义观，进而在实践视域下实现了正义观的重要理论转型。马克思实践视域下的正义观要解决的并不仅仅是一个关于市民社会中人的权利、个体的地位、利益的分配以及国家的法律和统治的问题，也不仅仅是一个从个体的角度、基于一定的衡量标准，如劳动贡献、能力大小、地位高低等来进行社会财富分配的问题，而是关于社会和个体的终极目标的实现的问题，即凭借人们在社会发展进程中所创造的共同价值、美好生活，社会终将完成对个体的重塑，使得现实的个人实现对人的本质的真正占有。可见，正义真正的主题在于追求人性的生成与完善，追求人之为人的崇高境界，坚守人之为人的准则和理想。

马克思的正义观深受古希腊哲学思想的影响，所不同的是，马克思创造性地将历史维度引入了关于正义的讨论，并根据当时德国社会的现实对思辨正义观进行了针对性批判。马克思认为，在社会地位不平等的群体中根本不存在真正的自由公正的交往，资产阶级和无产阶级正是通过是否占

---

① ［德］康德：《法的形而上学原理——权利的科学》，沈叔平译，商务印书馆2017年版，第171页。

有生产资料来区分的，正因如此，只有进行深刻的彻底的变革，才能克服甚至消除两者的对抗。马克思的正义观是以实践的思维方式为基础的正义观，不同于以思辨的思维方式为基础的正义观，马克思的正义观不是从抽象的先验主体出发去解决正义问题，而是主张从现实的人的实践活动出发，通过变革现实生活秩序解决正义问题。当然，马克思的正义观对于正义本质的探讨不可能脱离道德理论、政治哲学、经济学说等关于人性、善和社会的一般性讨论，换言之，它探讨的是关于人类生存的意义和目的问题。同时，马克思也认为，正义的实现必须依靠现实中的人民群众，而作为摧毁资本主义制度的社会力量，无产阶级的解放与全人类的解放具有完全一致的价值取向，因此无产阶级必须成为正义的主张者和践行者。由此，马克思批判资本主义的坚定品格和畅想共产主义的宏阔视野得以展现。

本书通过对西方哲学史中的正义思想进行梳理，分析了正义内涵的演变，探讨了思辨正义观的理论表现及其历史形态，并通过研究自然正义、情感正义、自由主义正义等正义理论，厘清了正义的发展线索，进而在此基础上着重探讨了正义的实践转向和实践品格。马克思直接阐述正义问题的论著虽然很少，但对马克思一系列经典文本进行梳理和挖掘，依然可以发现马克思正义观的形成脉络，而这也有助于我们对马克思的正义观进行深入分析。本书在对马克思正义观的内容进行概括时，着重强调：马克思正义观的批判性前提就是对私有制的彻底颠覆，实现正义的首要条件就是消灭私有制；通过生产劳动这一人类最根本的实践解决物质资料的匮乏问题，是实现正义的主要途径；就理论形态而言，马克思实践视域下的正义观是一个复合的结构，是在应得正义理论之上的超越性正义理论。

最终，依据理论逻辑，本书认为根本解决人的异化问题，实现个体之善与社会之善的融合，进而建立人真正实现自由、全面发展的共产主义社会，乃是马克思正义观的理论真谛。

本书是以笔者的博士论文为基础，经修改、完善后出版的。笔者的硕士研究生专业是社会保障，博士学习攻读的是马克思主义哲学专业，因此多年来始终对社会公平正义问题保持着浓厚的兴趣。而深入马克思哲学中去探求马克思正义观的实质和内核，对于在新时代更好地处理社会公平正义问题显然具有重要意义,这也是笔者写作博士论文的初衷所在。

本书得以出版受惠于很多人的支持与帮助。在此,感谢导师康渝生教授在笔者写作博士论文和修订书稿的过程中所给予的宝贵支持和帮助!感谢家人、朋友、同事给予的关爱和支持!感谢责任编辑张永生老师以认真、细致、专业的态度和工作为本书增色!

由于笔者水平有限,书中难免存在这样或那样的问题,恳请专家和读者批评指正。

牟海侠

2023 年 9 月

目　　录

绪　　论

自人类社会产生以来，正义一直被当成是人类社会的美德和各种社会制度的价值评判标准，从西方哲学史的角度来看，柏拉图、亚里士多德、霍布斯、卢梭、休谟、罗尔斯等哲学家都对这一问题做过详细的研究。马克思的哲学思想是具有批判性和革命性的，在对资本主义进行批判的同时，也包含了对正义问题的深刻认识。马克思从正义思想的根源出发，在实践视域内论证了正义的历史性和阶级性。马克思的正义观基于社会现实，是科学的合理论断，同时也是一种价值追求、一种形而上的预设，为人的发展确立了价值目标。

一、研究的目的和意义

正义一直是人类社会美好的价值追求，关于它的研究体系非常庞大，正是因为正义是一种美好的价值追求，关于正义问题的研究才具有不可穷尽性。从国内外诸多的研究成果来看，关于正义问题的研究在当下仍有可拓展的空间。国外学者大多是从西方发达资本主义国家的现状出发来研究具体的正义问题，而对发展中国家的正义问题则缺乏必要的实践性认识，因此不能充分了解发展中国家正义问题的具体性及其实现过程的复杂性。国内学者虽然对正义问题做了多样性研究，但是专门从马克思的实践视域出发，系统地从马克思的经典文本中梳理和挖掘马克思正义观形成的线索并对其形成总体性认识的研究并不多见。本书从正义的内涵、特征出发，探索正义问题的本质，试图达到对当前我国的社会正义问题进行本真观照的目的。

促进社会正义的实现关系到全体社会成员的切身利益，更关系到国家的前途命运和长治久安。因此，在复杂的社会变革期，面对众多的正义理论，回归马克思关于正义问题的基本看法本身，用马克思的正义观来指导现实是十分必要的，也具有一定的迫切性。

第一，通过研究马克思的正义观，我们可以更好地认识和理解马克思哲学的精髓以及马克思哲学对于当代的意义。

第二，通过对马克思的正义观与哲学史上各阶段的正义观点进行比较研究，我们可以了解正义内涵的发展，认清正义的本质，从而为当代中国的正义问题研究打下良好的理论基础。

第三，面对世界百年未有之大变局，研究马克思的正义观，有助于我们站在全人类的角度去思考和探索解决诸如全球部分地区的极度贫困、局部地区的冲突加剧、世界政治经济发展的不平衡等问题，为建设更加美好的世界贡献中国智慧、中国方案。

二、国内外相关文献综述

国内对马克思的正义思想的研究，从时间上大致可分为三个阶段：第一阶段是研究的初始阶段，即从 20 世纪 80 年代中期到 90 年代初期；第二阶段是研究的进一步发展阶段，即从 20 世纪 90 年代中期到 2010 年；第三阶段是研究的喷涌阶段，即从 2010 年至今。

第一阶段的研究不成规模，成果散见于学者的论文中，系统的正义理论尚未形成，探讨研究的问题也主要集中在国外的正义理论以及公平与效率的关系上。第二阶段的正义理论研究关注的主要是市场和法治，研究的主题包括司法正义、经济正义、分配正义、制度正义、程序正义、社会正义等。学者们在此阶段著述颇丰，许多影响力较大的专著相继出版发行。党的十八大明确了公平正义是中国特色社会主义的内在要求，因此探索和研究如何运用马克思的正义观促进社会公平正义尤为重要。鉴于此，第三阶段拓展了正义问题的研究范围，主要涉及消费正义、环境正义、全球正义、技术正义、信息正义等领域，大量优秀的研究成果呈井喷之势面世。党的二十大报告指出，要"着力维护和促进社会公平正义，着力促进全体人民共同富裕，坚决防止两极分化"[①]。可见，保障和改善民生是促进社会公平正义的应有之义。

总之，从关注缩小不正义到扩大正义，我国的正义理论研究开始向纵深化、全面化发展。

（一）第一阶段的研究

随着罗尔斯《正义论》的引进，我国哲学界对正义问题的研究产生了

---

① 《习近平著作选读》（第一卷），人民出版社 2023 年版，第 19 页。

一定的兴趣。这一阶段主要是从碎片化研究向体系化研究转变，理论研究也开始逐渐地与现实生活进行互动，但对马克思正义思想的系统化研究还不够深入，同时对正义问题的思考也更多的是围绕公平与效率问题的讨论以及对国外正义理论的评介，尤其是美国分析学派正义理论。这一阶段没有关于马克思正义观研究的专著面世，成果仅散见于一些学者的论文中。

袁贵仁在《论马克思主义的公正观》中详细剖析了正义的概念。他认为，马克思主义历史观中包含了社会正义观。作为一种价值，公正体现为一种"相称"的关系，即个人与他人、个人与社会之间付出和获得相对应的关系。社会正义不单单是一种价值目标，还能为社会的发展提供动力，并促进人与社会的和谐发展。此外，文中还讨论了公平与效率的关系问题，指出社会正义和生产力应共同发展，不能通过牺牲任何一方来成全另一方的发展。①

余文烈在《"分析马克思主义"的理论观点简述》一文中梳理了英美哲学界关于"马克思与正义"的争论，重点介绍了以伍德和胡萨米为代表的两派就马克思是否主张正义这一问题展开的论战，并得出结论：马克思在批判资本主义的过程中虽然没有把正义当成理论武器，但总体来说，马克思的观点还是建立在某种正义观之上的。②

王锐生在《对效率与公平关系的历史观审视》中探讨了社会分化、劳动效率与社会公平的关系，指出"效率与公平的问题就成为历代统治者不得不注意的问题。只讲社会公平、社会和谐，无视效率，公平与和谐会陷于幻想；只讲分化、效率，不讲公平与和谐，社会要出乱子"③。

陈勇在《论公平与效率的辩证的历史的统一》中指出，公平与效率的关系伴随着人类实践的发展过程，最根本的实践就是劳动实践。社会主义市场经济是正确处理社会主义初级阶段公平与效率之间的关系的必要手段，它不仅能够促进生产力的发展，而且能够促进社会公平，并保证社会公平与生产力的统一协调发展。共同富裕的实现需要公平与效率的有机结合、共同发展。④

---

① 参见袁贵仁：《论马克思主义的公正观》，《求索》1992年第4期。
② 参见余文烈：《"分析马克思主义"的理论观点简述》，《教学与研究》1989年第2期。
③ 王锐生：《对效率与公平关系的历史观审视》，《哲学研究》1993年第9期。
④ 参见陈勇：《论公平与效率的辩证的历史的统一》，《哲学研究》1993年第10期。

由这一阶段学者的研究情况可知，英美哲学界关于"马克思与正义"问题的讨论已经进入中国哲学界的视野。同时，这一阶段国内研究的核心问题是效率与公平的关系问题，即两者已被放到了同等的位置上予以研究。然而，正是由于正义问题的研究视野主要被公平与效率问题占据，以致横向和纵向的研究维度都受到限制，所以关于正义问题的研究更多地被局限在了利益分配和伦理道德领域，而对社会生活实践更多领域的更复杂问题触及较少。这也为之后的研究留下了空间。

（二）第二阶段的研究

随着改革开放的力度不断加大，哲学理论作为时代精神的精华开始与现代化相关联，也就是说，哲学开始回归现实生活世界。这一阶段，我国哲学界关于马克思正义观的研究逐步受到重视，成果主要表现在三个方面：一是关于正义问题的研究开始摆脱公平与效率关系的讨论的束缚，而且不只停留在经济领域；有学者利用"分析马克思主义"的方法，得出了公平与效率问题不是相互对应问题的结论。二是正义问题的研究领域逐步拓宽，从政治领域、哲学领域扩展到了社会领域等更多元、更广阔的领域，从而丰富了正义问题的研究内容。三是对正义的内容、类型、原则、特征等进行了深入研究，丰富了正义的内涵。

总体而言，这一阶段学者的研究思路不断拓宽，研究方法逐渐多样，研究成果日益丰富。

1. 关于正义的人学内涵的研究

高清海、胡海波在《人类发展的正义追寻》中从正义的人性根据、双重主题、创造原则、理论境界以及当代的正义问题等方面整体上厘清了正义所包含的基本问题，明确提出了人自身的发展与人性的完善是正义的真正主题，没有人就没有正义，只有人才会有正义的存在，而且只要有人，正义就会被不断地求索。他们认为，正义问题关乎人的发展问题，对正义的诉求就是对于人的发展维度的诉求，从人的角度才能真正理解这种诉求。人追求正义，就是追求人的理想存在。要想评判当前社会的正义或不正义问题，就需要用历史唯物主义的观点来分析、考察"先前历史"和"后来历史"。正义的核心问题是正义的原则问题，不同的正义观点有着不同的正义原则，产生分歧的原因在于当时的实际社会环境。人作为社会中的个体，在不同的社会环境中有着不同的利益诉求，同时社会也对个体的人有着不同的义务要求，但这些义务要求必须以满足人的发展为前提，唯其如此，才能建立起符合当时社会环境的正义原则。为每个人提供发展的机会，建立起人与人、人与社会之间的和谐关系，并为人的生活提供有利的社会环境，这才是正义原则的实际意义所在。① 两位先生初次从人学维度阐发了正义问题，并运用历史唯物主义观点对正义问题进行了分析，可以说为之后的研究奠定了方向。

倪勇《社会正义论》在学理探讨上深化并开拓了正义理论的视野。他认为，正义问题与社会实践是不可分割的，只有将正义问题置于广阔的社会历史中，才能真正探求它的本质。正义是人在进行社会实践的过程中所表现出来的真、善、美的统一。这样正义的真理尺度、价值尺度和美的尺度就被挖掘出来了。同时，作者也认为，生产力因素是判定正义之为正义的最高标准和最终依据，因此正义问题必须放在改革开放和现代化建设的具体实践中去解读。② 这是在唯物史观视域下的研究思路，对于正确认识正义问题具有一定的启示意义。

2. 关于正义的基本内涵及类型的研究

段忠桥在《马克思和恩格斯的公平观》一文中以论纲的形式阐释了物质分配领域的公平观点。他认为，只要现实社会的分配原则与个人的所获利益相吻合就是公平的，在这里衡量公平的尺度就是劳动。马克思认为在社会主义阶段，要实现社会资源分配领域的公平，就要以"劳动"为依据，即个人对社会的贡献越大，所获利益就越多，但是这在资本主义社会中遭到了资产阶级的排斥和反对。无须讳言，不同社会制度下的不同阶级对于公平的理解都有所不同。没有永远不变的公平，公平观是建立在一定的社会发展阶段基础之上的，也是与当时社会的政治、经济、文化等方面的发展分不开的。在资本主义社会，公平是建立在生产力高度发展的基础之上的，公平的尺度被定义为等价交换。对此马克思指出，在资本主义制度下，如果无产阶级的公平观是消灭阶级，那么这里也就包括了消灭无产

---

① 参见高清海、胡海波：《人类发展的正义追寻》，《社会科学战线》1998 年第 1 期。
② 参见倪勇：《社会正义论》，中共中央党校出版社 1998 年版。

阶级本身。所以，马克思反对以公平的名义来批判资本主义制度，而是将历史发展观作为批判资本主义的武器。在分析了马克思和恩格斯公平观的基础上，段忠桥先生认为资本主义的公平观不被消灭，无产阶级就不可能获得真正意义上的公平，因此消灭剥削、实现公平的唯一途径就是推翻资本主义制度，建立一种新的无产阶级的公平观，这样就对分配正义的评价标准、尺度及内涵做了比较全面的论述。①

吴忠民在《公正新论》中指出，公正包括基本权利的保障、机会平等、按照贡献分配、一次分配后的再调剂等四个方面。他认为，不宜用过于理想化的眼光来看待现实社会中的公正问题，而应看到公正实现的重要性，对于社会成员而言，现实社会中的公正程度一定意义上更有价值。②其后，他又发表《公正：从传统到现代》一文，探讨了公正内涵的历史转变，指出公正的内涵随着时代的变迁经历了从"传统"向"现代"的过渡，即从人身依附到平等与自由、从特权和平均主义到机会平等、从随机性慈善救济到制度化社会调剂、从应然公正与实然公正的分离到结合、从单一的社会功能到多样的社会功能、从匮乏的资源基础到发达的经济基础的转变。③

江山在《再说正义》中探讨了正义的类型。他认为，以往的正义理念与新兴的正义理念在研究方法上存在质的差别：以往的正义理念其核心是"分"，包括分配的正义、交易的正义及合作有效性的正义等，而这些只是在人的范畴内构建一个相对稳定的秩序。新兴的正义理念其核心是"合"，包括摄取的正义、多样化与复杂化的正义、同构守衡的正义等。正义理念的发展促进了法治的发展，并有助于将人类与自然结合起来，共同协调发展。④

3. 关于正义的原则和实质的研究

胡真圣《两种正义观：马克思、罗尔斯正义思想比论》认为，马克思的正义观主要包含合理性、发展性及人民利益等三个原则，其中人民利益原则是判定正义与否的最终标准。这样一来，自生产力、生产劳动作为评

---

① 参见段忠桥：《马克思和恩格斯的公平观》，《哲学研究》2000 年第 8 期。
② 参见吴忠民：《公正新论》，《中国社会科学》2000 年第 4 期。
③ 参见吴忠民：《公正：从传统到现代》，《中共中央党校学报》2001 年第 3 期。
④ 参见江山：《再说正义》，《中国社会科学》2001 年第 4 期。

判正义的标准后，人民利益标准得以凸显，从而体现了时代的要求和理论的现实走向。①

侯惠勤在《马克思主义公平观的实践意义》一文中对正义的实质进行了分析。他认为，马克思的哲学革命实现后也就真正变革了传统的公平观。传统的社会主义公平观认为公平只是体现为社会资源分配上的合理性，传统的自由主义理论则把公平解释为程序性、规则性概念，认为它是一种规范意义上的平等。两者的缺陷都是把公平看作超历史的道德范畴。而马克思是从历史发展的角度来分析和研究公平问题的，这就与历史发展的必然性联系在一起了——只有消灭阶级、消灭私有制，才能实现无产阶级的公平诉求，最终实现人的自由全面发展。

(三) 第三阶段的研究

1. 国内的研究

这一阶段，国内哲学界开始大量介绍、引证并运用现代西方哲学的观点来拓展马克思哲学研究，大量当代西方研究社会正义的成果被译介，关于马克思正义观的研究也随之丰富。随着正义问题的研究范围和领域不断扩大，关于正义实质、正义旨归的研究也逐步深刻，比如在环境正义、技术正义、信息正义、消费正义、全球正义等领域的研究中，涌现出了一大批优秀成果。

张俊山在《对"公平与效率"命题的马克思主义分析》一文中，对公平与效率的关系问题进行了探究。他认为，公平与效率是相互影响、相互促进且不可分割的。正是由于这种矛盾是可以调和的，所以两者之间既不是此消彼长也不是水火不容的关系，更不存在某种负相关关系。公平和效率反映了一定时期的社会关系，是当时社会关系进程的一种表现。②

苗贵山在《批判与超越：马克思恩格斯对正义的追问》一文中，从整体上对马克思的正义理论进行了研究。他指出，马克思从法哲学和政治经济学的角度对资产阶级的正义观进行了现实的、历史的批判，并指明了实

---

① 参见胡真圣：《两种正义观：马克思、罗尔斯正义思想比论》，中国社会科学出版社 2004 年版。

② 参见张俊山：《对"公平与效率"命题的马克思主义分析》，《福建论坛》（人文社会科学版）2006 年第 8 期。

现正义的道路。马克思的正义理论不仅是对资产阶级正义观的批判，而且是要超越资产阶级的正义观，构建无产阶级的正义观，所以马克思的正义观是拒斥资产阶级正义观的一种新的正义观。①

沈晓阳《马克思主义正义观探要》分别从正义的价值基点、思想内涵、评判标准、思维视野等四个方面对马克思的正义观进行了详细阐述。他认为，正义的社会性、形式性、永恒性和理想性是分别与它的个体性、实质性、历史性和现实性紧密联系的。②

王广在《马克思恩格斯对蒲鲁东正义公平思想的批判》一文中指出，正义是人类历史发展的必然产物，是一种客观存在，其产生和发展必然遵循社会发展的客观规律，并且随着生产力的发展变化而发展变化。世界上从来就没绝对永恒的公平，那只是小资产阶级的一种空想的理想状态，是不可能存在的。③

陈江玲在《马克思主义公平正义思想解读》一文中指出，马克思的正义观是与社会变革联系在一起的，只有社会的发展才能促进人的发展，因此马克思正义观的终极目标是实现人的自由全面发展。④

毛勒堂《超越消费主义——论消费正义》研究了消费正义问题。他认为，人类的消费行为体现着人的自然存在，消费正义是从哲学的角度对此种行为进行思考，即从人的自由活动的存在本质和存在意义的高度来对人类的消费行为做深层次的考量，进而建立起一种符合一定时期社会发展趋势的消费模式，通过规范和指导人们的消费行为，促进人与社会的和谐发展。他的研究成果拓宽了正义研究的领域，为把握正义问题提供了良好的借鉴。⑤

陈红英在《马克思的社会正义思想探析》中指出，马克思对资本主义的正义思想进行了批判的继承，形成了马克思的正义观。它从人本身的角度出发，论证了正义的最终目标——人的自由全面发展，而这只有在共产

---

① 参见苗贵山：《批判与超越：马克思恩格斯对正义的追问》，《河南大学学报》（社会科学版）2006 年第 3 期。
② 参见沈晓阳：《马克思主义正义观探要》，《马克思主义研究》2006 年第 6 期。
③ 参见王广：《马克思恩格斯对蒲鲁东正义公平思想的批判》，《理论视野》2006 年第 4 期。
④ 陈江玲：《马克思主义公平正义思想解读》，《理论月刊》2006 年第 6 期。
⑤ 参见毛勒堂：《超越消费主义——论消费正义》，《思想战线》2006 年第 2 期。

主义社会才能实现。这也是对正义的旨归进行的研究。①

倪勇《马克思主义正义观及其当代走向》概括了马克思正义观的三个特点，即理想性与现实性相统一，批判性与建设性相统一，价值追求与真理追求相统一。②

曹玉涛在《剥削与正义——"分析马克思主义"的理论分歧及问题辨析》中指出，马克思在对历史进行评价时既注重唯物史观的尺度，也运用了人的尺度，即同时运用了历史尺度和价值尺度。所谓历史尺度，就是唯物史观的尺度，它站在历史发展的角度来评价社会历史和现象，认为凡是有利于生产力发展和社会进步的历史事实和现象都具有暂时的合理性。所谓价值尺度，就是人道的尺度，它站在"应该"的角度来评价社会历史和现象，常常是一种否定性批判的评价。③

臧峰宇在《马克思政治哲学的现代性批判视野》中指出，只有到了共产主义社会，才能实现无产阶级的真正的自由和平等；只有消灭剥削、消灭私有制，才能实现无产阶级的正义。这就需要进行一系列的社会革命，革命的主体就是无产阶级。④

许祥云《马克思的实践正义观》基于对哲学家思考正义和解决正义的角度的分析，把西方哲学史上的正义观划分为思辨正义观和实践正义观两大基本类型，进而通过研究发现马克思的正义观已经不再属于思辨正义的范畴，而是思辨正义的转折点。据此，他认为马克思的实践正义观追求的是从人的现实生活世界出发，通过对社会制度进行根本的变革来实现人的自由和平等。⑤

涂良川、胡海波在《论马克思的分配正义思想》中指出，马克思认为，"分配"既具有经济学、社会学含义，也包含着哲学的形上意蕴。资产阶级以"劳动决定权"为前提，把分配程序化了，尤其是把符合资产阶级所制定的分配程序的分配视为正义的分配，但对分配的结果并不在意。

① 参见陈红英：《马克思的社会正义思想探析》，《求实》2007年第3期。
② 参见倪勇：《马克思主义正义观及其当代走向》，《武汉大学学报》（人文科学版）2007年第4期。
③ 参见曹玉涛：《剥削与正义——"分析马克思主义"的理论分歧及问题辨析》，《湖南师范大学社会科学学报》2007年第4期。
④ 参见臧峰宇：《马克思政治哲学的现代性批判视野》，《理论导刊》2006年第11期。
⑤ 参见许祥云：《马克思的实践正义观》，《长白学刊》2012年第6期。

而真正的分配正义应该以人的全面发展为最终目标，使每个个体都能分享到历史进步带来的福利，这样才能创造出更加丰富的社会资源。①

姚大志在《正义的张力：马克思和罗尔斯之比较》一文中对正义的基准问题进行了研究，他关注的主要是两方面问题：一个是不公平的对象，另一个是不公平的内容。在这两方面，马克思和罗尔斯都有自己的观点，而且对于自由和平等，两人也有着不同的认识。在解决问题方面，两人的观点更是差异显著，马克思是在批判资本主义的过程中提出自己的正义观的，而这必然要求推翻资本主义制度、建立社会主义制度，进而建立新的正义秩序。正因如此，马克思的正义观被称为"超越的"，而罗尔斯因其解决问题的方式是在某种社会制度内部进行协调，而被称为"内在的"。姚大志认为，正义的研究意义由此得到凸显，对人民群众的切身关怀应该是正义理论研究的终极意义。②

包大为《马克思的正义观：超越古典与启蒙的真理探寻》探讨了马克思的正义观所表现出来的科学性和革命性特点。他认为，其科学性在于对政治伦理的总体性批判，革命性在于超越了古今之辩的历史观。可以说，马克思的正义观不再是对"永恒的"正义理念的追求，而是对真实的政治程序所体现的价值诉求的研判，其主体是创造历史的人民，其方向是人与生产力的解放。③

此外，国内哲学界关于当代西方学者正义思想的研究也较为丰富，主要包括埃尔斯特对马克思正义论的解读、哈耶克的自由主义正义思想、罗尔斯和哈贝马斯的正义思想、阿玛蒂亚·森的正义观、大卫·哈维的生态正义思想、罗尼·佩弗的社会正义论、戴维·米勒的多元正义论等，相关研究有助于拓宽我们研究马克思正义观的视角和思路。

值得强调的是，目前的研究还有一大特点，即对国外一些知名学者的正义理念进行译介和研究，这对于丰富马克思正义思想的当代价值、拓宽理论研究的视野以及更加完整地理解正义问题来说很有意义。比如，余京华研究了凯·尼尔森的正义观点，指出凯·尼尔森在历史唯物主义的理论

---

① 参见涂良川、胡海波：《论马克思的分配正义思想》，《现代哲学》2009 年第 2 期。
② 参见姚大志：《正义的张力：马克思和罗尔斯之比较》，《文史哲》2009 年第 4 期。
③ 参见包大为：《马克思的正义观：超越古典与启蒙的真理探寻》，《北京行政学院学报》2022 年第 6 期。

框架下探讨了马克思正义思想，进而揭示了历史唯物主义与正义的关系。文长春研究、介绍了阿格妮丝·赫勒的正义主张，赫勒认为只有良善的生活才是人追求的真正目标，而最终目标是超越正义，因为正义自身的目标就是超越自身。刘天喜介绍了吉登斯的社会正义思想，并同马克思的正义思想进行了比较。

综观目前国内的研究现状可知，已有的研究多集中于经济正义、政治正义、分配正义等领域，而且对于正义的一般性、零散性研究较多，专门性、整体性、系统性研究较少，抽象性研究较多，结合具体实际问题的研究较少。

2. 国外的研究

随着资本主义经济的快速发展，西方社会的各种矛盾日益凸显，这极大地刺激了西方学者对于正义问题的研究热情。自罗尔斯《正义论》出版后，国外学界以正义为主题的研究成果大量涌现。

（1）自由主义正义理论

自由主义学派内部对于正义问题有着诸多争论，罗尔斯和诺齐克就是典型代表。罗尔斯的正义观所关注和研究的中心问题是社会正义问题，在其代表作《正义论》中，他认为社会的基本结构，即以政治制度为核心的社会合作体系是正义原则实现的条件。罗尔斯正义观的出发点是一种建立在"无知之幕"之上的"原初状态"，在这种正义观下，人们只关注自己的利益，而把别人的利益悬置。同时，罗尔斯还提出了在分配中应遵循的"两个正义原则"。其中，第一个正义原则是自由平等原则；第二个正义原则又包括两个具体原则，即差别原则和机会平等原则。"两个正义原则"是罗尔斯对当代政治哲学做出的重要贡献，它使得正义以及与其相关的自由、平等等概念成为当代政治哲学的核心概念。

诺齐克的正义观以权力原则为核心，他承认正义的首要性，但主张正义源于权力，可以说高扬了权力的价值优先性。但与此同时，诺齐克也十分看重个人的自由权利。此外，与罗尔斯的观点不同，诺齐克认为正义不在于分配的结果，而在于程序的公正。在《无政府、国家与乌托邦》中，他主张用"持有"代替"分配"，并认为"如果每个人的持有都是正义的，那么持有的总体（分配）就是正义的……必须规定这三个持有的正义原则，即持有的获取原则、持有的转让原则和矫正对前两个原则的侵犯的原则的细节"①。诺齐克的正义观就是要拒绝正义的模式化，因为在他看来任何固定和统一的模式化分配原则，都会导致对个人权利的侵犯。出于保障人的权利的考量，诺齐克还主张将政府的管制行为限定在最低程度，即政府只是充当守夜人的角色，仅限于防止暴力、欺骗和强制履行契约等有限的职能。

（2）社群主义正义理论

社群主义正义理论认为，正义作为社会规则首先应表现为个人的美德。麦金泰尔的正义理论是一种德性正义论。他指出，正义与合理性问题无疑是伦理学主题的重要组成部分，要帮助人们在正义与合理性问题上建立起虽然存在多样性但却可以达于互容和理解的确定信念，并通过重新思考社群的意义，试图恢复社群意识，重构正义的伦理学基础。麦金泰尔认为，罗尔斯和诺齐克的理论倾向于破坏亚里士多德的传统主义，这使得整个现代西方社会的道德、生活观念十分混乱，存在着太多相互对立的美德观念，正义尤其如此。为此，他主张正义与德性相融合，认为正义应当包含规则和德性两个方面，其中作为德性的正义指的是个人的道德品质。而且，在人类社会的诸多美德与规则之间，只有那些拥有正义美德的人，才有可能了解怎样运用规则。可见，在麦金泰尔看来，正义首先是个人的一种美德，也就是对善的共同认可和追求的一种德性。

桑德尔站在社群主义的立场上，反对罗尔斯提出的"原初状态"，认为人的存在不是孤立的，是各类社群使得人具有了生活的价值和意义。此外，桑德尔还区分了三类共同体：手段性共同体、情感性共同体和构成性共同体。他认为，人是社会的产物，脱离了社会，个人将会失却自己的本质。善是一切共同体的内在价值，任何抽离善的正义理论只是理论假设。在共同体的生活中，人的各种正当行为都与善及正义原则密不可分，"正义的首要性本身不仅是一种有关正义的主张，而且也是一种关于正义与归于善概念下的那些美德之间的关系主张"②。

---

① ［美］罗伯特·诺齐克：《无政府、国家与乌托邦》，何怀宏等译，中国社会科学出版社1991年版，第159页。

② ［美］迈克尔·桑德尔：《自由主义与正义的局限》，万俊人等译，译林出版社2001年版，第162页。

（3）多元主义正义理论

多元主义正义理论认为，要正视社会公共领域中各个群体之间的差异，为了保障这些群体在社会参与过程中的平等地位，并维护个人对所处群体的认同感，对社会群体的差异性进行考察尤为重要。多元主义与自由主义、社群主义最大的不同之处在于，多元主义既否认只有一种价值，如个人权利是第一位的，也反对试图用某一普遍原则解决任何正义问题的做法。沃尔泽是当代多元主义正义理论的代表人物，在社会意义的基础上提出了社会物品多元正义理论。他认为，"正义原则本身在形式上就是多元的；社会不同善应当基于不同的理由、依据不同的程序、通过不同的机构来分配；并且，所有这些不同都来自对社会诸善本身的不同理解——历史和文化特殊主义的必然产物"①。换言之，正义原则应该是多元的，正义取决于社会意义，而不是平等或者不平等；同时，善的分配也必须在特定领域内依据相应的分配标准来进行。此外，沃尔泽还论述了多元正义与复合平等、国际正义、正义战争的关系等问题。

相较而言，戴维·米勒更关注正义原则适用的社会情境，并且认为只有对社会关系的性质加以界定，才有可能达成关于分配标准的共识。米勒从一种区别于沃尔泽社会物品多元正义理论的新的角度来思考社会正义，他指出："我的方案不是从社会物品及其意义开始，而是从我所谓'人类关系的模式'（modes of human relationship）开始。……我把它们分别称作团结的社群（solidaristic community）、工具性联合体（instrumental association）以及公民身份（citizenship）。"② 同时，还认为需要、应得、平等原则可以适用于这种社会情境的多样性变化，并且至少可以有一种占主导地位的分配原则来指导正义的实现。

（4）分析马克思主义学派的正义理论

以柯亨、伍德、罗默、埃尔斯特、胡萨米等人为代表的分析马克思主义学派，是马克思正义思想研究的主要力量。在研究"马克思与正义"问题的过程中，他们主要围绕"马克思有没有正义"和"有何种正义"争论

---

① ［美］迈克尔·沃尔泽：《正义诸领域：为多元主义与平等一辩》，褚松燕译，译林出版社 2002 年版，第 4—5 页。

② ［英］戴维·米勒：《社会正义原则》，应奇译，江苏人民出版社 2008 年版，第 31 页。

不休，以至于给人造成了马克思在正义问题上模棱两可、自相矛盾的错觉。比如，伍德与塔克一派的观点即为"马克思反对正义"，其根据是马克思"生产方式决定正义"的观点可以推出在资本主义社会，生产方式决定了资产阶级对无产阶级的剥削是合理的。由此，他们得出了"马克思否认资本主义的不正义"①的荒谬结论。

胡萨米、布坎南、尼尔森等人的观点则是"马克思赞成正义"，认为正义在马克思的理论体系中占据着核心地位，并且批判伍德与塔克一派仅仅对资本主义社会中生产关系的表象进行探讨，而没有深入研究资产阶级剥削的本质。他们认为，马克思有自己评判资本主义制度的道德正义标准。但在方法论上，两派都拒斥马克思的辩证法思想，而是以西方的分析哲学为主要理论工具，以致在事实与价值问题上陷入了二元对立的形而上学困境。这必然造成两派对于"剥削"概念的深化研究离开了马克思主义劳动价值论和剩余价值论的科学基础，进而走上反马克思主义的立场。即使有分析马克思主义学派的其他学者以"辩证"的姿态综合了两派观点，把马克思主义看作一种社会理论和一种社会组织形式，仍避免不了误解与肢解马克思正义思想的结局。

此外，还有一些学者从不同角度研究了正义问题。例如，法兰克福学派霍耐特的承认理论及其对社会正义的思考，为我们深入理解社会正义问题提供了新的视角。可以说，霍耐特的承认理论在一定意义上也属于多元主义范畴，该理论认为"社会生活的再生产服从于相互承认的律令，因为只有当主体学会从互动伙伴的规范视角把自己看作是社会的接受者时，他们才能确立一种实践的自我关系"②。霍耐特在承认的前提下从主体间性视角将复杂的社会秩序分为三个领域，即爱、法权和成就，并就每个领域的承认形式、承认原则等进行了分析，继而建立了一种基于承认的多元正义理论构想。这一理论构想认为，人的自信、自尊和自豪的全面实现使趋近理想的正义社会成为可能。

凯·尼尔森提出了一种"激进平等主义"的正义思路，并且认为罗尔

---

① 李惠斌、李义天：《马克思与正义理论》，中国人民大学出版社2010年版，第3页。

② ［德］阿克塞尔·霍耐特：《为承认而斗争》，胡继华译，上海人民出版社2005年版，第100页。

斯以其正义原则来规划基本社会结构时，没有正视社会阶级存在所引发的问题。尼尔森指出，在思考正义与阶级问题时，应该考虑资本主义社会存在着深刻的阶级分化，正是由于剥削阶级存在并作为整个资本主义社会的统治阶级，所以在资本主义社会中实现正义才是很困难的。在凯·尼尔森看来，罗尔斯认为阶级分化作为资本主义社会的必然特征是确然的，但同时认为所有工业社会必然存在阶级分化却是武断的。凯·尼尔森认为，一种道德观念具有某种与社会生产方式发展的特殊阶段相一致的特征，一个社会的主流道德观念是由在该社会占统治地位的生产方式及统治阶级的意志所决定的。换言之，任何社会所普遍持有的某种道德观念总是深刻地受着该社会的生产方式和统治阶级意志的影响。值得注意的是，凯·尼尔森虽然承认阶级社会存在着正义问题的意识形态化现象，但仍确信非意识形态化正义理念的存在。他认为，在一定的物质条件下可以形成多种不同的正义理念，这些正义理念中既有致力于维护现存的生产方式及社会基本制度的，也有对现存生产方式及社会基本制度进行批判的。

阿格妮丝·赫勒作为东欧新马克思主义的代表人物之一，提出了超越正义观。赫勒在《超越正义》一书中分析研究了静态的正义和动态的正义这两个概念，认为两者都对正义的实现毫无作用，并且指出"只有在有正义的地方才有不正义。如果不存在不正义，也就不存在正义。如果我们选择一个根本不存在和不可能存在不正义的社会，那么我们就选择了一个没有正义的社会，因为'正义'的概念将不再有意义。因此，我们宁愿选择一个超越正义的社会"①。赫勒进而找到了超越正义的主体，即正直人的良善生活，"良善生活是超越正义的"②。至此，赫勒回归到了亚里士多德的传统，这是从实践智慧出发对正义进行的考察，也是一种有价值的探索。

总之，西方学者运用新的理论和方法研究正义问题，为我们解读马克思的正义观打开了一扇窗，同时也拓展了马克思正义观研究的视域，深化了马克思正义观研究的主题。

---

① ［匈］阿格妮丝·赫勒：《超越正义》，文长春译，黑龙江大学出版社 2011 年版，第 236 页。

② ［匈］阿格妮丝·赫勒：《超越正义》，文长春译，黑龙江大学出版社 2011 年版，第 334 页。

绪

论

三、研究思路和研究内容

本书基于正义问题的相关研究成果,从正义思想发展的内在理论逻辑入手,站在实践哲学的立场,将正义问题与具体的社会实践联系起来,即从现实的经济生活出发,从人的现实的生产劳动出发,从人的现实本性和历史本性出发对正义问题进行深入思考,阐释了马克思正义观的生成、发展过程及其复合结构,进而通过分析马克思正义观对于建设中国特色社会主义的重要意义,彰显了马克思正义观的当代价值。本书的主要内容如下:

第一章通过对正义概念演变的考察,分析了正义的价值内涵,并在正义的视域下解读了自由、平等及社会秩序等问题。正义的特征,即社会性和现实性、历史性和具体性、发展性和演变性相互交织在一起,是制定现实社会制度的重要思想依据。

第二章旨在厘清正义思想在西方哲学史上的发展脉络,重点考察了古希腊哲学中的正义思想、中世纪哲学中的正义思想、德国古典哲学中的正义思想、功利主义和空想社会主义的正义思想,以及马克思在批判吸收前人思想的基础上形成的正义思想——马克思的正义观。

第三章通过对马克思经典文本的详细考察,梳理了马克思正义观的形成脉络,探究了马克思正义观的生成、发展以至成熟的内在线索。马克思从人的自由的自我意识出发,到关注人的政治解放和人的解放,继而深入政治经济学中去寻找资本主义的全部剥削秘密,最终认清了消灭私有制、变革社会制度才是实现正义的正确路径。

第四章在实践视域下——主要立足于人的生产劳动本身,深入分析了马克思的正义观。马克思的正义观是一种复合结构,既包含建立在应得基础上的正义,也包含超越层面上的正义。与此相对应,马克思提出了"按劳分配"和"按需分配"原则。马克思的正义观指向了制度的变革,旨在解决人与人之间的异化关系以及社会规范问题。

第五章考察了当代有代表性的三种西方正义理论——自由主义正义理论的代表人物罗尔斯的分配正义观、多元主义正义理论的代表之一戴维·

米勒的多元正义观和东欧新马克思主义正义理论的代表之一阿格妮丝·赫勒的超越正义观，同时站在马克思正义观的立场，分别对这三种正义观进行了评析。

第六章在新时代我国着力促进全体人民共同富裕的背景下，从发展生产力、强化权利监督、保护劳动者权益和健全社会保障制度等方面提出了促进社会公平正义的探索路径。在当代中国，马克思的正义观对于全面践行社会主义核心价值观，促进与完善社会的公正法治，培育社会的诚信友善、文明和谐依然具有十分重要的价值。

本书的创新之处主要有两点。

其一，从马克思的实践视域入手理解马克思的正义观。实践是一种德性的实现活动，是行为和道德选择的最终善。实践的理性是"明智"，也就是善于筹划对自身善以及对整个美好生活有益的事，同时实践又是一种以自身为目的，即目的内在于自身的活动。实践是自由的、无条件的人的活动。在实践视域下，马克思的正义观是一种总体性的正义观，其中包含伦理正义、政治正义和经济正义等方面内容，指向人的自由全面发展，落脚点在个体的平等自由的实现。马克思的正义观重点指出了正义不是永恒的，而是随着历史的发展、生产力的发展和人自身的发展不断发展变化的；不同社会条件对于正义有着不同的理解。

其二，对马克思正义观实质的理解。马克思实践视域下的正义观立足于现实生活中的人本身，并且从人所处社会的生产关系和社会制度出发来探讨现实的社会正义问题。在资本主义制度下，资本家对劳动者进行残酷的剥削，劳动者承受着身体和精神上的双重压迫。面对私有制带来的贫富差距悬殊等普遍存在的不正义现象，马克思的正义观指出，只有彻底颠覆私有制，使私有制状态下的异化劳动复归为对象化劳动，并通过生产劳动解决物质资料的匮乏问题，才能实现对个体的终极关怀，即每个人自由而全面的发展这一最高的价值之维。

第一章　正义问题辩证

正义是一个古老的话题，甚至可以说人类社会自产生起就开始了对正义的追求，千百年来从未停止，未来也不会停止。正义作为人类社会文明进步的衡量标准之一，其本质是一种庄重的美德。正义是不断发展的，正义的发展历程同时也是人类文明的发展历程。人与社会是伴生的关系，社会的发展可以为人的发展提供空间，同时人的发展也会推动社会的完善，而这又为人的发展提供了更好的条件。正义包含个体的正义和社会的正义，这两种正义相互融合、共同发展，构成了衡量人类文明的尺度。

随着中国特色社会主义进入新时代，要把我国建设成为富强民主文明和谐美丽的社会主义现代化强国，更需要呼唤正义、追寻正义。作为中华优秀传统文化的精髓，孔子提出的"和而不同"可以说体现在了我国社会发展的方方面面。据此，在新发展阶段，对人的权利差异进行规范，并力求将其控制在合理范围之内，以更好地保障人民群众的基本权利是一个十分重要的问题。那么，什么范围才是合理的？合理的标准又是什么？正义作为衡量的尺度，有必要厘清和回答这些问题。

第一节　对正义概念的考察

正义产生于社会现实中，关于正义是什么的问题，是中西方哲学家共同关注的焦点问题。中国哲学与西方哲学对于正义的阐述不尽相同，提法及用法也有差异。自古以来，中华文明就拥有追求正义的传统，但受"内圣""外王"思想的影响，中国古代思想家系统、详尽著书立说的较少，因此其关于正义的思想多是通过施政理念表达出来的。正义在中国传统文化思想中往往被称为"公正""公平"等，有史以来就是一种评价人的行为的尺度。在古代汉语中，"正义"是指正当、公正的道理，常与"义"或"直"相连，如《论语·宪问》："或曰：'以德报怨，何如？'子曰：'何以报德？以直报怨，以德报德。'"① 这里所说的"直"，也就是"正直""公道"之意。"正义"一词最早见于《荀子·正名》："正利而为谓

---

① 柴华：《中国文化典籍精华·论语》，黑龙江人民出版社 1997 年版，第 105 页。

之事。正义而为谓之行。所以知之在人者谓之知。"① 当然，此处的"正义"分为"正"和"义"两部分，将二字联合使用，多指对品行端正的教化。至于正义的应有含义，《管子·形势解》道："天公平而无私，故美恶莫不覆；地公平而无私，故小大莫不载。无弃之言，公平而无私，故贤不肖莫不用。"②《战国策》又道："是故兵胜于外，义强于内；威立于上，民服于下。"③《现代汉语词典》（第7版）则将"正义"这一词条解释为"公正的、有利于人民的道理"④。可见，中国古代思想家更注重从天地人的关系、人的道德尺度及正义的合法性等角度理解正义概念。

一、正义的内涵

在西方哲学中，正义最初是与不正义相对而生的概念。比如，注重从辩证的角度思考问题的古希腊先贤赫拉克利特指出："如果没有那些（非正义的?）事情，人们也就不知道正义的名字。"⑤ 苏格拉底认为，"凡伴随着正义或正当的是美德，而凡缺乏正义的就是罪恶"⑥。柏拉图在《理想国》中指出："当生意人、辅助者和护国者这三种人在国家里各做各的事而不相互干扰时，便有了正义，从而也就使国家成为正义的国家了。"⑦ 这句话包含两层意思：一是正义存在于社会各组成部分之间的和谐关系中；二是社会中的人都能正确认识自己的地位，并履行与其地位相适应的义务。亚里士多德认为，"我们是把守法的、公平的人称为公正的。所以，公正的也就是守法的和平等的；不公正的也就是违法的和不平等的"⑧。中世纪意大利哲学家托马斯·阿奎那认为，"道德伦理价值和审美领域的理

---

① 《荀子》，廖名春、邹新明校点，辽宁教育出版社2003年版，第226页。
② 《管子》，[唐] 房玄龄注，[明] 刘绩增注，上海古籍出版社1989年版，第182页。
③ [汉] 刘向：《战国策》，蒋筱波编译，三秦出版社2008年版，第5页。
④ 《现代汉语词典》（第7版），商务印书馆2016年版，第1673页。
⑤ 《西方古典哲学原著选辑·古希腊罗马哲学》，北京大学哲学系外国哲学史教研室编译，生活·读书·新知三联书店1957年版，第21页。
⑥ 《西方古典哲学原著选辑·古希腊罗马哲学》，北京大学哲学系外国哲学史教研室编译，生活·读书·新知三联书店1957年版，第161页。
⑦ [古希腊] 柏拉图：《理想国》，张竹明译，译林出版社2012年版，第5页。
⑧ [古希腊] 亚里士多德：《尼各马可伦理学》，廖申白译注，商务印书馆2009年版，第141页。

念，如美、勇敢、节制、正义的理念，凡道德伦理行为和可感的美的事物，都有其相应的同名理念"①。英国经验主义哲学家休谟认为，"正义对社会是有益的，因此，它的部分价值至少应从这种考虑中产生出来，要对这一点进行证明是多余的。社会功利是正义的惟一源泉，对这种德所产生的有益后果的思考，是它的价值的惟一根据"②。也就是说，正义是在现实社会生活中被人们逐渐认识并应用的，用以调节人与人之间的关系并消除生活中的非正义。恩格斯指出："真正的自由和真正的平等只有在共产主义制度下才可能实现；而这样的制度是正义所要求的。"③ 到了现代，罗尔斯认为，"社会正义原则必须首先加以应用的正是这些不平等，它们也许在任何社会的基本结构中都不可避免。所以，这些原则调节着对一种政治宪法和主要经济、社会体制的选择。一个社会体系的正义，本质上依赖于如何分配基本的权利义务，依赖于在社会的不同阶层中存在着的经济机会和社会条件"④。同时，他还提出了机会平等原则和差别原则，用以解决社会财富的具体分配问题。

正义首先是同一定的社会制度相联系的。自从人类社会出现阶级以来，每个利益群体都主张正义，但是不同的人、不同的阶级或者不同的社会对正义的理解却有所不同。正义既然来自现实社会生活，就必然带有历史性。也就是说，随着时代的变迁、社会的发展，正义概念的内涵也会不断发生变化。在奴隶社会，正义被事实上的不公平所掩盖，而这种现象是公开的，因为"希腊人和罗马人的公平观认为奴隶制度是公平的"⑤。到了封建社会，由于建立了森严的等级制度，出现了与之相适应的正义观，这种正义观认为人有贵贱之分、尊卑之别，用以维护封建社会的等级制度。随着生产力的发展，封建社会中的有产者越来越不满受到压制，迫切要求变革这种不公平的制度。于是，资产阶级提出了新的正义观，并将封建社

---

① ［意］托马斯·阿奎那：《论存在者与本质》，段德智译，商务印书馆2018年版，第102页。

② ［英］大卫·休谟：《人类理智研究 道德原理研究》，周晓亮译，沈阳出版社2001年版，第175页。

③ 《马克思恩格斯全集》（第一卷），人民出版社1956年版，第582页。

④ ［美］罗尔斯：《正义论》（修订版），何怀宏、何包钢、廖申白译，中国社会科学出版社2009年版，第6页。

⑤ 《马克思恩格斯全集》（第十八卷），人民出版社1964年版，第310页。

会的正义观踢出历史。资产阶级所鼓吹的正义观认可私有制，并致力于维护这种不公平关系，但是对于广大受剥削者来说这是极其不正义的。

在对正义概念进行史料考察的基础上，我们可以发现由于正义的高度抽象性特点，人们对其难以形成较为统一的看法，尤其是关于元正义的问题，更是学界悬而未决的难题。通常哲学家们在研究"什么是正义"的问题时，给出的答案基本都是"正义是什么"，主要包括正义的原则、性质以及领域等，但与此同时，还需要厘清正义作为一种尺度是怎样处理人与人之间的关系以及社会与其组成个体之间关系的，以更好地协调所有人之间的关系和处理由此衍生的社会问题。

关于正义的内涵，胡海波认为，"正义理论关照（原文如此，似应改为'观照'——编者注）的是人及其行为、关系以及生活是否符合人性，是否促进人的发展。因此，人自身的发展与人性的完善是正义的真正主题"①。正义的真正意义在于体现了人之为人这一最高价值。正义通过对每个人的生活状态和意义的观照，来实现人类整体的理想生活状态和意义，进而在人的充分发展与人性高度完善的基础上推动整个社会的发展与进步。正义是人对人自身真正本质的思考与确认，是对人在社会交往中形成的一系列关系的是与非、善与恶的追问。从主体方面看，正义是人在变革社会关系时，追求善、摒弃恶进而把握世界的一种方式；从客体方面看，正义以人的交往以及在交往中产生的互动关系为对象。衡量正义与否的标准至少有两个。一是必须合乎社会发展的客观规律。如果某一事物失去了存在的依据，就必然会成为历史，正如资本主义由于对人的剥削、压迫以及对生产力的束缚必然会导致其制度发生变革一样。共产主义之所以令人向往，就是因为其对生产力的极大促进符合历史的发展规律。二是必须合乎人性，必须从最广大人民的根本利益出发。正义的结果应当是真正全面发展的、教育达到一定水平的、德性完满的个人以及良善的社会。需要指出的是，这两个标准就本质而言是一致的。人性不是孤立的、抽象的存在，体现在人的社会关系的方方面面，而人的社会关系究其根源是随着生产关系形成的。同时，在生产关系之上的生产力的发展又决定了人性的发

---

① 胡海波：《正义的追寻——人类发展的理想境界》，东北师范大学出版社1997年版，第6页。

展趋势。可见，合乎客观规律必然包含合乎人性的内涵。

二、正义的基本特征

正义作为一种思想观念，不是在人的头脑中凭空产生的，而是人类现实社会生活的产物，并随着现实社会生活的发展变化而发展变化。因此，正义具有社会性、现实性、历史性、具体性、发展性和演变性等特征。

作为一种价值维度，正义是人类交往过程中的产物。历史上，哲学家们从不同的角度论述了正义产生的根源和目的。比如，亚里士多德曾经说过，正义的起源与城邦的建立大致相同，其目的都是让人过上更好的生活；正义作为人间的"至善"理念，以全体社会成员的共同幸福为旨归，是每个具备德性的人都会自觉追求的东西。休谟承袭了亚里士多德"后天正义"的线索，认为正义是人类在共同生活的过程中，为了过上良好有序的生活而设计并制造出来的一系列行为规范，旨在保障人的正当利益的同时又对其自私行为加以约束，并通过协调社会成员之间的利益关系，促进人与社会的共同、和谐发展。康德则指出，应当限制和约束个人的非正当自由行为，保护和促进个人的正当自由行为，并认为正义是人类基于自身的理性本质而设立的一种道德义务，它主要关涉对人的自由的保护和限制。这些代表性的观点都偏重于从人的主体性方面来论证正义产生的根源和目的。相较而言，马克思则主要是从社会存在论的角度来考察和揭示正义何以产生的。马克思认为，正义问题是从人类的劳动中产生出来的，是随着社会分工的出现而出现的。社会分工出现后，人类社会随即面临一个现实问题，那就是劳动产品的分配问题。而当人类思考劳动产品的分配是否合理时，正义问题也就产生了。正义产生之后，随之而来的即是法，"这个规则首先表现为习惯，不久便成了法律。随着法律的产生，就必然产生出以维护法律为职责的机关——公共权力，即国家"①。可见，正义和法的最初形成是由于人们的生产经济活动需要。换言之，人们在共同的物质生产与生活中产生了分工、交换等需要，这就构成了正义最初产生的现实根源。

---

① 《马克思恩格斯选集》（第三卷），人民出版社 1995 年版，第 211 页。

考察正义产生的最初原因可以发现，正义的产生和存在都植根于人类的现实社会生活，是人们现实社会生活客观需要的产物。正义理念是人的现实社会生活过程在其头脑中的再现，是对现实社会生活的一种高度抽象的表达。马克思虽然没有专门就正义理念与现实存在的关系进行论述，但他就一般的人的思想观念与现实存在的关系的阐述，是完全适合于正义情况的。马克思指出："具体总体作为思想总体、作为思想具体，事实上是思维的、理解的产物；但是，决不是处于直观和表象之外或驾于其上而思维着的、自我产生着的概念的产物，而是把直观和表象加工成概念这一过程的产物。"① 人的思想观念与现实存在的基本关系，就在于人的思想观念作为人类现实生活的产物必然要反映现实存在的内容，并随现实存在的变化而变化、发展而发展。换言之，人的思想观念是因现实存在的激发而产生的。正义问题就是由分工与分配的现实矛盾所激发出来的，而人的意识则相应地把这种矛盾反映出来了。值得强调的是，由于人的思想观念具有理想性、规范性特征，因此，人的意识所反映的现实存在必须与人的某种内在的意欲、能力相结合才能成为一定的思想观念。可见，对客观存在的意识能力及理性的自觉自为的思维能力，即人的主体性能力构成了人的思想观念得以产生和形成的条件。

正义理念产生于人们在共同交往中的现实需要，因此其必然具有一定的历史性和具体性。马克思把人类的现实社会生活看成是一个历史发展过程，认为这一过程是必然性和偶然性共同作用的结果，因为每个时代的人们的现实社会生活都有其历史的具体性和特殊性。正义作为人类现实社会生活的观念上的抽象，也必然作为现实社会生活的一个组成部分而包含在现实社会生活之中。因此，正义理念必然具有历史性，随着现实社会生活的发展变化而发展变化。正义的"历史性"是正义的"现实性"的必然结果，而正义的"现实根基"也必然决定正义的"历史发展"。正义的历史性包含两个方面的内容。其一，由于社会生活是历史的、发展的，因此每个时代都有其自身的具体的正义理念，也都有时代特征所决定的特定的正义内容。正义作为社会意识"一开始就是社会的产物，而且只要人们存在

---

① 《马克思恩格斯选集》（第二卷），人民出版社 1995 年版，第 19 页。

着，它就仍然是这种产物"①。由于每个时代、每个社会都有其自身的特殊性、具体性，因此不同时代、不同社会的正义理念也应是具体的、特殊的。正义理念必须与时代和现实社会生活实际紧密结合，才能解决所面对的具体问题。无视历史的各个具体时空的特殊性、差异性，也不从具体的时代出发，而只固守一般的抽象原则，那么这样的正义理念只能是脱离实际的、不可靠的。时代的具体性也就意味着时代的局限性，任何时代具体的正义理念当然都要受那个时代现实社会生活条件的制约。可见，一般性的正义理念即理论性的正义理念，由于现实的限制也只能是局限性的。其二，正义是不断发展变化的。人类社会是不断发展变化的，现实社会生活也是不断变化的，因此正义不可能是永恒的，而只能是历史的、不断发展变化的，正如"一切以往的道德论归根到底都是当时的社会经济状况的产物"②。关于"永恒正义"，在《共产党宣言》中，马克思批判道："还存在着一切社会状态所共有的永恒真理，如自由、正义等等。但是共产主义要废除永恒真理，它要废除宗教、道德，而不是加以革新，所以共产主义是同至今的全部历史发展相矛盾的。"③ 从最基础的根源来看，所谓的"永恒正义"不过是一种在特定历史阶段和历史条件下的正义理念，也可以说是从一定的利益出发、带有阶级色彩并加以绝对化和凝固化的正义理念，旨在为某种既定的社会制度以及阶级的统治的长期存在做合法性辩护，因此它的作用只能是阻碍人类社会的发展进步。历史上，曾有很多人提出过不同的"永恒正义"观，"永恒正义"的多面性恰恰说明了这一概念的虚幻性。

马克思指出，任何真理都是相对的，没有绝对的真理；真理是具体的、历史的、不断发展的，没有所谓的"终极真理"。真理之所以为"真"，正是因为在一定的历史条件和范围内它是合理的。同时，也只有在特定的环境下真理的必然性才能发挥，脱离了它所适用的条件，也就不能称为"真"了。因此，主张正义的历史性、具体性和实践性，同主张正义的客观性、真理性并不矛盾，只有坚持正义的客观性、真理性，才能把它

---

① 《马克思恩格斯选集》（第一卷），人民出版社1995年版，第81页。
② 《马克思恩格斯选集》（第三卷），人民出版社1995年版，第435页。
③ 《马克思恩格斯选集》（第一卷），人民出版社1995年版，第292页。

同那些主观的、任意的理念区别开来。

正义是随着人类社会的发展而产生的，休谟认为正义产生的条件是中等匮乏的物质资源这一客观环境。相较于物质资源的中等匮乏情况，休谟假设了两种极端情况，即物质资源极端匮乏和物质资源极端丰富。对于物质资源极端丰富的情况，休谟指出："在这各种极端的情况下，正义变得完全无用了，因此，你就完全破坏了它的本质，取消了它要求人类承担的责任。""公平或正义的规则完全依赖于人们所处的特定状态和条件，它们的发生和存在是由严格而经常地遵守这些规则给公众带来的功利所决定的。"①

可见，当社会物质资源极端丰富，可以满足任何成员的任何需求时，正义就根本不会产生。当然，这种物质资源极端丰富的情况只是休谟的一种假设，是为了说明正义产生的条件而为。而在物质资源极端匮乏的情况下，人类唯一的问题就是生存，全部精力都用在保障生存上，也就没有余力来考虑正义问题了。物质资源"中等匮乏"的情况是人类社会普遍需要面对的普遍的现实问题，因此人类社会普遍需要正义的指引。人的欲望是无止境的，但物质资源却是有限的，欲望的无限性和资源的稀缺性之间存在着不可调和的矛盾。也就是说，相较于人的无止境的欲望，社会所能提供的物质资源在任何时候都是不够的。所以，从休谟的物质资源"极端丰富"假设，并不能得出在未来的社会正义将终结的结论。

恩格斯在论及共产主义时曾指出，在未来的共产主义社会，公平和正义都将从现实社会生活中消失并成为历史，"平等和正义，除了在历史回忆的废物库里可以找到以外，哪儿还有呢"②？恩格斯所说的公平和正义，是指在社会存在中已经出现的有关公平和正义的观念，这些观念是一定历史阶段的产物，并更多的是为维护阶级统治而服务的。如果到了共产主义社会，那么现在的公平和正义将不再适用，会伴随时代的发展而产生新的内容。所谓"终结的正义"，指的是当今时代的那些具体的正义理念只是这个时代的产物，也会随着这个时代被新时代所取代而消失。人类社会在

---

① ［英］大卫·休谟：《人类理智研究　道德原理研究》，周晓亮译，沈阳出版社2001年版，第180页。

② 《马克思恩格斯全集》（第二十卷），人民出版社1971年版，第670页。

不断地向前发展，与此同时会带来各种社会问题和矛盾，人类社会正是在解决这些问题和矛盾的过程中不断进步的。所以，人类对正义的探索与追求是没有终点的。

恩格斯的论述并不是主张未来社会不需要任何正义理念和正义原则，只是强调当今时代人们所持有的具体的正义理念、正义原则，将会随着它们所针对的问题的解决而自行消失。马克思则认为，人类社会的发展是一个永远向前的过程，不存在完美的人类社会，只有不断发展中的人类社会，"完美的社会、完美的'国家'是只有在幻想中才能存在的东西"[1]。同时，人类的思想也会随着现实社会生活的发展变化而发展变化，人的正义思想自然也会体现出时代变化的轨迹。可以说，对正义理念的思索和追寻将伴随人类的成长。

如今，世界已经进入了全球化时代。全球化是社会经济发展的必然结果，在地域史、民族史向世界历史转化的过程中，资本主义"首次开创了世界历史，因为它使每个文明国家以及这些国家中的每一个人的需要的满足都依赖于整个世界，因为它消灭了各国以往自然形成的闭关自守的状态"[2]。全球化在给人类带来极大便利以及前所未有的发展机遇的同时，也带来了诸如环境恶化、武装冲突、社会矛盾激化等极其恶劣的威胁，而这已对人类的生存及社会的进步造成了严重破坏。为此，人类需要在伦理观念上进行根本性的变革，并在世界范围内协调处理全球化所伴生的各种问题，从而维护全球秩序及人类社会的健康发展。

第二节　正义的价值维度

正义由于其明确的价值性常被认为是道德哲学的一部分，道德关涉多种价值，而正义恰恰是将道德哲学中的诸多概念联系起来的一种特殊价值。考察正义的概念，可以有广义和狭义两个角度。广义上，正义可被定位为自由、平等、秩序等基本价值的统一和综合；狭义上，正义与平等大

① 《马克思恩格斯选集》（第四卷），人民出版社 1995 年版，第 217 页。
② 《马克思恩格斯选集》（第一卷），人民出版社 1995 年版，第 114 页。

体相同，因此也包含在广义的正义概念之中。毋庸置疑，不断变换形态的各种正义理论不仅都难以避开对自由、平等、规范和规则这几种基本价值的探讨，还会在其间进行协调。因此，要研究正义问题，就必须把握正义的这几种基本价值。

一、正义视野中的自由

自由是正义的一个重要价值目标。历史上，很多哲学家都是从自由的角度来理解正义的。比如，洛克认为正义应由法律来维护，而"法律的目的不是废除或限制自由，而是保护和扩大自由"①。霍布斯认为，"正义的性质在于遵守有效的信约，而信约的有效性则要在足以强制人们守约的社会权力建立以后才会开始，所有权也就是在这个时候开始"②。个人的自由应该在绝对服从法律和规范的前提下得到保护，国家更多的是恰好实现那种能够确保公正、正直和适当教育的自由程度的手段，而不是目的，即实现了的自由。康德认为，人们的自由之间的相互冲突是客观存在的事实，因此有必要在自由中区分出受法律保护的那部分自由。正义作为一种价值用以协调个人自由与他人自由之间的关系。公民可以根据自己的意愿，通过多种与他人的自由共存的方式去追求自己的幸福，这样就能使每个人的自由都得到保证。阿克顿也把自由与正义联系在一起，认为"自由所追求的事业也就是正义和德性所追求的事业——反对自由也就是反对正义和德性，也就是在捍卫错误和罪行"③。此外，从自由的角度理解正义的还有哈耶克、罗尔斯、桑德尔等人的正义理论。

马克思批判自由、平等等价值，并不是要丢掉自由，而是要去除资产阶级对自由的口号式运用，实现人的真正自由。马克思全部理论的高阶诉求都指向了"人类社会"，就是要消解人与自然的矛盾，实现人与社会的和谐共存，进而实现真正的个人的自由全面发展。在《资本论》中，马克

---

① ［英］洛克：《政府论》，刘晓根编译，北京出版社 2007 年版，第 83 页。
② ［英］霍布斯：《利维坦》，黎思复、黎廷弼译，商务印书馆 1985 年版，第 109 页。
③ ［英］阿克顿：《自由与权力：阿克顿勋爵论说文集》，侯健、范亚峰译，商务印书馆 2001 年版，第 308 页。

思把人类能力的发展及人的潜能的实现称作"真正的自由王国"①，于是人类能力的发展成为社会发展的目的本身，而每个社会成员自由全面的发展就是整个人类社会的自由王国的前提和条件。可见，自由思想较之正义更多也更明确地出现在了马克思的思想中，可以说是他全部思想的旨归。

在理解正义与自由的关系时应该看到，人的本质之一就是意志自由，正义自然包含对意志自由的保护。当然，个人不能用自己的意志自由去侵犯他人的意志自由。同时，因为人的理性自由，所以个人通过认识并充分利用客观规律现实地改造自身，能够对正义的实现起到一定的作用。而人格自由和权利自由作为与正义直接相关的维度则是正义所要保护的。自由作为人的价值诉求，需要用制度和法律来规范，可见正义包含政治自由的范畴。个人正义作为正义的一个层面，相对来说更强调个人内部的德性，要求个人具有正义感及完善道德的意志，而正义所要求的恰恰是道德原则被共同体内的全体成员所接受、遵守，以更好地调节各方利益，所以说这也正是个人自由的意义所在。

作为自由的一个方面，政治自由有着明确的规则和制度，应该成为个人自由的条件，而作为德性的个人自由，则是个人基本权利构成及完善自身必不可少的条件。如果政治自由和个人自由彼此对立，正义就是不完全的。在阶级社会，由于两者的事实对立必然存在，个人自由需要政治自由的保护；只有达到阶级消灭了的人类社会，由于人的生产不再是单单维持生存的手段，而是作为人的能力的全面释放，同时人与人之间也不再把彼此当作工具来对待，人作为类存在物而得以复归，获得了真正的自由，合人性的正义才会得到真正意义上的实现。

二、正义视野中的平等

平等、自由一直都是人类的追求，有奴役就会有对自由的渴求，有压迫或不平等就会有对平等的呼唤。平等和正义在概念上相近，平等是正义的重要衡量依据，休谟曾经指出："如果人和人之间没有联系，人性就不

---

① ［德］马克思：《资本论》（第三卷），人民出版社 2004 年版，第 929 页。

会存在，而如果人们不尊重平等和正义的法律，那种联系也不可能有地位。"① 正义理念按照毕达哥拉斯派的看法，就是不要破坏天平的平衡。天平自被发明之时起便被用于形容正义，天平两端的砝码代表了利益两端的关系。正义作为调整现实社会生活中人与人之间各种关系的价值尺度，首先就必须像天平一样"平"。而平等作为正义最核心的内涵，显得尤为关键，离开平等就无法理解正义。平等是现代社会极为重要的价值理念之一，尽管从古代开始人们就一直呼求平等，但作为现代意义上的平等理念则是基于反对传统社会的等级制度和统治阶级的特权而产生的。平等理念是对人的独立人格和主体性的确认。社会由单个的个体所构成，因此从这个意义上说，作为社会成员的个体都是平等的。个人对社会的贡献和个人作为类的存在的肯定，首先就在于对个人基本权利的确认。如果个人连最起码的拥有相同的基本生存的权利都无法得到保障，作为人的尊严都得不到实现，平等将失去最基本的现实意义。作为现代社会的价值基石，平等自然会与自由、承认等价值相结合，但过度的平等极有可能直接损害人的自由。换言之，平等既可以成为自由的最佳补充，也可以成为自由最强大的敌人。平等越是等于相同，就越能煽动起对于多样化、自主精神等的厌恶。可见，无所限制的平等会引发巨大的祸患，而对平等的限制应来自正义，因为"在自由、平等与正义这三者之中，只有正义是无限制的好事"②。这样，"当正义对自由与平等的追求起着支配作用时，自由与平等就能在限定的范围内和谐地扩展到最大限度。自由主义者和平均主义者中那些错误的、极端主义的、无法解决的冲突就会消失，因为正义至上纠正了这些错误，解决了它们之间的矛盾"③。

历史上思考正义问题的哲学家，有的把自由作为正义的首要价值，有的则把平等作为正义的首要价值。在现代西方正义理论中，罗尔斯的分配正义观与诺齐克的权利正义观之间的分歧正是平等与自由冲突的表现。罗

---

① ［英］大卫·休谟：《人类理智研究　道德原理研究》，周晓亮译，沈阳出版社2001年版，第197页。

② ［美］穆蒂莫·艾德勒：《六大观念》，郗庆华、薛笙译，生活·读书·新知三联书店1998年版，第167页。

③ ［美］穆蒂莫·艾德勒：《六大观念》，郗庆华、薛笙译，生活·读书·新知三联书店1998年版，第170页。

尔斯的分配正义观处理了自由与平等的关系，但偏重平等维度。他尤其关注经济平等，在社会福利政策的安排上，强调再分配应考虑差别原则，这种差别原则主张社会福利安排应有利于群体中的最弱势者。而诺齐克则立足于个人权利，更多地要求人的自由权利不应被过多干涉，政府对社会福利的再分配应受到严格限制，而且必须保证每个人都能按照公正的程序行使自己的权利。同时，政府还应保证市场和社会的自由发展，并不能拥有限制私人财产的最高数额、征收高额税费的权力，否则就是对个人权利的侵犯。诺齐克认为，只要历史上形成的拥有财富的方式是正当的，政府和社会就不应干涉和对财富进行再分配，因为这极有可能导致权力寻租并侵犯个人和社会的自由。实际上，平等和自由在基本的诉求上是统一的。平等究其根本就是人的权利的平等，而在人的诸多权利中，自由的平等又排在首位。诺齐克曾经指出："人们的才能是一个自由联合体的共同资产，团体内的其他人从他们的在场得益而改善自己的状况，就因为他们是在这儿而非在别处或者不存在。"① 根据这一观点，任何人的有意识的行为，按照普遍的自由法则，确实能够和其他人的有意识的行为相协调。斯宾塞认为，"每个人都有做一切他愿做的事的自由，只要他不侵犯任何他人的同等自由"②。但是，这种自由只有通过平等的限制才能实现。

自由与平等作为正义必须考虑的基本价值，到底谁先谁后，应该结合具体的社会历史条件来看。也就是说，既要保护人的消极自由，即在法律规定的范围内行动不受非法干涉和侵犯的自由，也要保障合理限度内的、机会平等前提下的结果平等。这样不仅能在个体层面基本保障人的生活需要，而且在社会层面也能对收入差距进行合理调节。只有在此基础上，才能实现人的积极自由，进而推动社会进步和促进人的自由全面发展。

三、正义视野中的规范和规则

正义是人与人之间一种合理的、平衡的关系。从作为关系的角度来

　　① ［美］罗伯特·诺齐克：《无政府、国家与乌托邦》，何怀宏等译，中国社会科学出版社1991年版，第231页。
　　② ［英］赫伯特·斯宾塞：《社会静力学》，张雄武译，商务印书馆1996年版，第52页。

看，正义本身就具有规范和规则的含义，因此规范和规则是正义的重要价值维度。社会规范和规则是具有多种价值的价值，从社会规范和规则与自由的关系来看，政治自由就是指人在法律范围内活动的权利。没有规范和规则特别是法律规则，人在法律范围内活动的权利就得不到保障，如在战乱等原因导致规则混乱或规则全无的社会中，人的人身自由、言论自由等最基本的权利都将难以实现。可见，自由需要社会规范和规则来保障。

不管要建立哪种社会制度和政治制度，都需要某种价值理念作为支撑。建立社会制度的目的，在于使社会环境保持相对稳定。一种社会制度是好还是坏，不能只看它的表面，而要根据这个社会所包含的精神实质来评判。应该承认，只要生活在特定的社会或社会群体之中，人就必须了解和遵守这个社会或社会群体的规范和规则。换言之，正是运行于某一社会或社会群体中的规范和规则造就了该社会或社会群体。在社会中，一个群体的规范和规则应普遍适用于该群体中的每一个成员。人类的理念世界的构建依赖于相互关联的规范和规则，这些规范和规则的总和只能由正义这一价值的价值所赋予。如果正义所要求的规范和规则缺失，则会导致社会上的各种理论和进步力量陷于混乱，人的生存和发展安全、和平的社会环境都将受到威胁。

正义是自由与规则、平等与权威的对立统一。历史上，资产阶级发动革命不只要求打破封建秩序，更要求建立新的规范和规则。于是，正义的概念就被表达为资产阶级提倡的自由、平等，又被作为规则和权威建立起来。斯宾诺莎、洛克等人都曾表达过应当运用法律的力量建立并维护社会规范和规则的观点。

第二章　马克思正义观的理论源泉

西方哲学史中的正义思想是研究马克思正义观的丰富材料，探寻正义思想发展的历史轨迹是研究马克思正义观的必经路径。

第一节　古希腊哲学的正义观

正义在古希腊哲学中最早形成的时候体现为"守法的正义"，按照这一观念，人们必须服从公共的即共同的尺度。在城邦政治中，这一共同的尺度就是城邦的法律。在古希腊哲学家看来，城邦的法律是自然理性，即宇宙普遍精神在社会生活中的体现；城邦应当用法律武装起来，如同人应当用理智武装起来一样。

古希腊哲学始于人们对宇宙的认识，旨在基于观察和想象通过类比和宣称来探寻宇宙的生成和自然的本原问题，正如罗素所言，"在哲学开始以前，希腊人早就对于宇宙有了一种理论，或者说感情，这种理论或感情可以称之为宗教的或伦理的"①。由此可知，"前苏格拉底哲学"时期的正义观是带有探索自然痕迹的宇宙论的正义观。在自然哲学时期，作为伊奥尼亚哲学的代表，赫拉克利特的哲学就持有宇宙正义的观念。他认为，世界是一团永恒的"活火"，"这个世界对一切存在物都是同一的，它不是任何神所创造的，也不是任何人所创造的；它过去、现在和未来永远是一团永恒的活火，在一定的分寸上燃烧，在一定的分寸上熄灭"②。在赫拉克利特看来，事物的生成和毁灭都是按照一定的分寸的，这种分寸的适当性恰恰体现了万物之间的正义之所在，正如罗素所言，古希腊的哲学家们持有一种朴素的正义理念，即"上帝无疑地是宇宙正义的体现"③。他们认为，世界万物的平衡正是在对立面的斗争和同一中实现的，当这种平衡出现问

---

① ［英］罗素：《西方哲学史》（上卷），何兆武、李约瑟译，商务印书馆1976年版，第154页。

② 《西方古典哲学原著选辑·古希腊罗马哲学》，北京大学哲学系外国哲学史教研室编译，生活·读书·新知三联书店1957年版，第21页。

③ ［英］罗素：《西方哲学史》（上卷），何兆武、李约瑟译，商务印书馆1976年版，第73页。

题的时候，"爱林尼神——正义之神的女使——就会把它找出来"①。由于自然惯于掩盖自己，而本性总是隐于深处，赫拉克利特首次认识到了对立面之间的斗争和同一才是运动变化的根源。在赫拉克利特看来，正义是事物斗争之后而形成的真正的和谐，这是一种带有浓厚宇宙和谐色彩的朴素正义思想。

作为南意大利哲学的代表，毕达哥拉斯把正义理解为数之间的比例和谐关系，并以数为本原说明了宇宙万物的生成过程。他认为，数有奇偶两种形式，奇数定形、完满，偶数无定形、不完满。自然万物的本原是"一元"，从完满的"一元"产生出不完满的"二元"，再产生出各种数目，再产生出点、线、面、立体，继而产生出水、火、土、气四大元素并形成一切物体。一切美好的东西都是和谐的，或者产生于和谐。正义就是万物之间在数上的和谐以及对和谐的维护。"由于数目是数学中很自然的基本元素，而他们又认为他们自己在数目中间发现了许多特点，与存在物以及自然过程中所产生的事物有相似之处，比在火、土或水中所能找到的更多，所以他们认为数目的某一种特性是正义。"②

信奉多元论哲学的恩培多克勒的"四根说"、阿那克萨戈拉的"种子论"、德谟克利特的"原子论"等，都将关注点放在了宇宙的和谐上，试图探索宇宙的奥秘。他们的各种思想都建立在认为宇宙是永恒的、无限的、独一无二的基础上，所以他们的宇宙正义观也不例外，表现出的是一种追求和谐、平衡的正义诉求。

由上述可知，这一时期古希腊的哲学家们认为正义是由某种力量统治的宇宙万物之间的平衡、和谐的关系。不过，随着哲学家们把关注对象由宇宙转向自身，尤其是随着公元前 5 世纪智者学派的兴起，正义的属人性特征突显出来了。智者学派的主要代表普罗泰戈拉认为，"人是万物的尺度，是存在的事物存在的尺度，也是不存在的事物不存在的尺度"③。由

---

① 《西方古典哲学原著选辑·古希腊罗马哲学》，北京大学哲学系外国哲学史教研室编译，生活·读书·新知三联书店 1957 年版，第 28 页。

② 《西方古典哲学原著选辑·古希腊罗马哲学》，北京大学哲学系外国哲学史教研室编译，生活·读书·新知三联书店 1957 年版，第 37 页。

③ 《西方古典哲学原著选辑·古希腊罗马哲学》，北京大学哲学系外国哲学史教研室编译，生活·读书·新知三联书店 1957 年版，第 138 页。

此，哲学家们逐渐接受了人是衡量万物的尺度、自然是衡量正义的尺度的观点，正义思想也随之发生了转向，从关注宇宙的和谐变为追求人自身的价值。

总的来说，正是"前苏格拉底哲学"时期哲学家们的启蒙尤其是智者学派的影响，才使得以苏格拉底、柏拉图、亚里士多德为代表的古希腊哲学的正义观呈现出了完备的既包含伦理的也包含政治的全方位的正义观样态。

一、苏格拉底的"守法即正义"

苏格拉底第一个把哲学从天上拉回人间。在苏格拉底看来，正义不再是整合宇宙万物的尺度，而是支配人的行为的伦理学原则和政治学原则。他认为，自然万物真正的主宰及其内在的原因不是自然哲学所谈论的某种具体的物质性的本原，而是万物的内在目的——善。善即德性，而德性就是知识；善是自然万物内在的原因和目的，具体到人的身上就是德性，而德性则是人之为人的本性。

苏格拉底将"正义"与"守法"联系起来，并用行动证明了其"守法即正义"的思想。当因无神论和言论自由主张而受到无理指控时，苏格拉底宁可遭受不正义也不去实施不正义；为了维护法律的权威和维持法律应有的效力，即使有机会逃走，依然选择舍生取义，宁愿守法而死，也不愿违法偷生。苏格拉底用生命诠释了守法之于正义的极大意义，为此他曾指出："要想为正义而斗争的人，如果他想活着，即使是很短促的时间，也必须有一个私人的身份而不要公共的岗位。"[①] 苏格拉底认为，如果共同生活在城邦里的公民都能遵守法律并在法律范围内同心协力地行动，城邦将会拥有最强大的力量，而公民也将获得最大的幸福。只有那些按照城邦法律行动的人，才能得到城邦公民的信任。

总之，苏格拉底所主张的守法即正义是一个个体伦理的范畴，也是一个静态正义的概念，即将规范和规则持续不断地适用于群体内的每一个成

---

① 《西方古典哲学原著选辑·古希腊罗马哲学》，北京大学哲学系外国哲学史教研室编译，生活·读书·新知三联书店 1957 年版，第 151 页。

员。但是，当现有的规范和规则显然不合理的时候，对其进行变革就显得非常必要了。这样，静态正义概念必将瓦解。

二、柏拉图的"秩序即正义"

柏拉图第一个在西方哲学史上系统地提出了正义思想。在其传世名著《理想国》中，他采用对话的形式，将苏格拉底作为自己思想的代言人，通过苏格拉底和玻勒马霍斯、色拉叙马霍斯、格劳孔等人的谈话，阐述了自己的正义理论。在寻求正义的推理过程中，柏拉图首先批判了四种错误的正义观：正义是有债照还、正义属于强者的利益、正义是帮助朋友伤害敌人和不正义比正义有利。柏拉图从反驳错误的正义观开始，对当时希腊城邦政治中存在的不正义的社会政治现实进行了深入思考，进而确立了从理论上驳倒上述四种错误正义观的思辨的正义观。柏拉图之所以系统、全面地探索正义理念，最深刻的动因就在于对深处战争旋涡中的希腊城邦以及整个希腊文明的安全的忧虑。发生于公元前 5 世纪的希波战争和伯罗奔尼撒战争重创了希腊，因此如何避免城邦之间以及城邦内部的争斗，从而维护并振兴希腊文明是柏拉图思考的两个重要的问题。相应地，柏拉图的正义理论也重点关注了两个方面："有个人的正义，也有整个城邦的正义"①，即城邦正义和个人正义。

古希腊的政治形式是城邦制，因此城邦正义可以看成是国家正义，而柏拉图的城邦正义理论可以看成是对其政治哲学的全面解读。抛却奴隶主与奴隶的关系问题不谈，柏拉图认为，国家（城邦）是自由人的联合体，并将城邦中的自由人分为三个等级，即护国者、辅助者和生意人。三者在柏拉图的理想国家内分工合作、彼此帮助，目的是达到全体城邦公民的普遍幸福。政治上的正义是国家的美德，作为国家的善能够在城邦中产生出智慧、勇敢、节制等美德，而正义的城邦就应该是智慧、勇敢、节制的。在城邦中，"当生意人、辅助者和护国者这三种人在国家里各做各的事而不相互干扰时，便有了正义，从而也就使国家成为正义的国家了"②。智

---

① ［古希腊］柏拉图：《理想国》，张竹明译，译林出版社 2012 年版，第 51 页。
② ［古希腊］柏拉图：《理想国》，张竹明译，译林出版社 2012 年版，第 141 页。

慧、勇敢、节制这些良好的德性护国者都需具备，但智慧是其中最主要的。辅助者的特殊品质是勇敢，勇敢并不是无所畏惧，而是在不应该畏惧的时候不畏惧，在必须畏惧的情况下表现出畏惧。而知识是判断什么时候应该畏惧的依据。节制也是辅助者应有的品质。作为中间等级，辅助者应当安心辅助护国者，而不是颠覆政权，还要约束自己的各种欲望，服从护国者的统治。同时也要克己，即节制，不去侵犯生意人的利益。生意人的特殊品质是节制，节制也是国家对于生意人的要求。生意人要服从护国者，这种服从不是被动节制的结果，而是主动节制的产物。也就是说，生意人是发自内心地认同被统治，而不是屈从于强大暴力的威慑。这样一来，城邦中的护国者、辅助者和生意人就都能安于自己的工作，不存非分之想，即"每个人在恰当的时候干适合他禀赋的一项工作，不干别的工种"①。可见，在柏拉图看来，城邦正义就是各个等级各做各的事，彼此互不干涉，由此形成一种智慧者的统治、辅助者的辅助、生意人的服从和谐共处的关系。

柏拉图的城邦正义是一种自然正义。西方哲学史上的正义理论可以分为两类，即自然正义理论和契约正义理论。自然正义理论认为正义始于事物自身的内在本性，而契约正义理论则认为正义始于共同生活的人们彼此间的约定。在古代哲学家中，柏拉图、亚里士多德以及阿奎那等人都认为正义源于自然的人的本性，因此只有符合人的本性的行为才是正义的。近代的一些哲学家如洛克，则认为正义是自然与约定的结合，人的正义感来源于自然法，正义规则虽然也来源于自然法，但其形成却离不开社会契约。如果没有契约的话，就只能有孤立地存在的个人的正义感，同时这种正义感也会是不完整的，而正义规则也将因此而失效。

柏拉图的城邦正义理论与他的理念论息息相关。柏拉图将人的灵魂分为理性、激情和欲望三部分。其中，作为灵魂的至上原则的理性，与理念相通，是不朽的，是灵魂的本性；激情是合乎理性的情感，是理性的天然同盟；欲望是肉体的欲望，它的随意性很强，时而服从理性，时而又背离理性。三者分别对应智慧、勇敢、节制这三种德性，是政治等级关系形成的基础。柏拉图认为，当灵魂由理性主导，激情处于辅助地位，并且理性

① ［古希腊］柏拉图：《理想国》，张竹明译，译林出版社 2012 年版，第 53 页。

第二章　马克思正义观的理论源泉

能够控制欲望时，个人正义就能实现，正如《理想国》所说："真实的正义确是如我们所描述的这样一种东西。然而它不是关于外在的'各做各的事'，而是关于内在的，即关于真正本身，真正本身的事情。这就是说，正义的人不许可自己灵魂里的各个部分相互干涉，起别的部分的作用。他应当安排好真正自己的事情，首先达到自己主宰自己，自身内秩序井然，对自己友善。"① 柏拉图认为，正义在个人层面就是其理性、激情、欲望等形成一种和谐的状态，并由智慧所指导；不正义行为发生在对这种和谐状态的破坏之时，而这是愚昧无知的；当理性、激情、欲望三者的位置发生混乱，激情或者欲望代替了理性的统治地位时，将导致不正义、懦弱、无知甚至邪恶的产生。因为美德作为人的德性使心灵健康，是有力量的，而邪恶的灵魂则使心灵呈现病态，是无力的。可见，柏拉图的个人正义明确了灵魂的等级，理性、激情和欲望是存在位次关系的。在这种等级状态下，高等级与低等级德性之间就建立起了和谐的关系，而正义也就得以实现。

前文已述，与个人正义思想的逻辑一致，柏拉图的社会正义思想也建立在等级之上。在由人组成的城邦共同体中，存在着护国者、辅助者、生意人三个等级的社会角色。智慧是护国者的必备素质，辅助者要求勇敢，生意人要求节制，这也正是理性、激情、欲望所要求的德性。在统治关系上，城邦正义要求护国者要良好地统治辅助者和生意人，这样城邦才能在健康的秩序下运转。当灵魂的三部分发生混乱的时候，个人不正义就会出现；当城邦中三个等级的群体不能安于本职时，城邦不正义就会产生。

当然，个人的善和城邦的善是否存在这么紧密的联系，而且将两者机械地对应是否应当，学界还存在一定的争论。但可以确定的是，只有当城邦正义实现时，也就是城邦中的统治秩序正常时，个人正义才有可能实现。换言之，正义的国家是个人正义实现的条件。个人的德性修养确实需要个体的努力，但更为重要的是，正义的实现离不开外部环境。人生活在一定的共同体中，必定需要遵循一定的规范和规则，因此制度的约束及指引作用是明确的。如果制度的设计是合乎正义的，那么它对人的不正义的行为就会产生强大的限制作用，即必要的他律能使理性"统治"激情和欲

---

① ［古希腊］柏拉图：《理想国》，张竹明译，译林出版社 2012 年版，第 155 页。

望。正义的制度需要共同体中的个人基于正义来建构，并在运行中予以维护。在城邦共同体中，制度的制定者、权力的掌握者，即护国者如果是不正义的，则统治制度难以正义。

此外，在柏拉图看来，正义社会的实现需要推行哲学王的统治，即"除非哲学家成为我们这些国家的国王，或者我们目前称之为国王和统治者的那些人物，能严肃认真地追求智慧，使政治权力与聪明才智合而为一；那些得此失彼，不能兼有的庸庸碌碌之徒，必须排除出去。否则的话，我亲爱的格劳孔，对国家甚至我想对全人类都将祸害无穷，永无宁日"①。因为柏拉图认为哲学家是有智之人，拥有丰富的治国知识，能够担当城邦有智慧的护国者；哲学家也是勇敢的人，面临危机时能够勇敢地做出决断，保护城邦和公民的利益；哲学家还是最懂得节制之人，其欲望被理性牢牢驾驭，不会发生以权谋私、权钱交易等情况；研究哲学、正义和艺术这些事情天然属于爱智慧的哲学家，哲学家能够理解美和正义本身。

综上可知，柏拉图认为个人正义和城邦正义是相互促进的，两者互为条件。或者说，良好的国家制度和良好的个人德性是正义问题的两面。

柏拉图的正义理论是西方思想史上第一个系统的正义理论，它从城邦正义和个人正义两个层面出发，阐述了各自的内涵、两者的关系以及个人正义与城邦正义的互动过程。同时，也对城邦（国家）的本质、权力的归属、权力的合法性等问题进行了深入探讨，并分析了国家正常运转难以脱离的制度。可以说，正是柏拉图开创了制度正义的研究先河。但是，柏拉图的正义理论也存在一定的缺陷。柏拉图是从驳斥几种当时社会流行的正义概念入手的，但是只对个人正义和城邦正义做了定义，而两者并不是正义理念本身，是借由影像对正义理念的分有和模仿。同时，柏拉图所设想的实现国家正义的方式也存在困难。理论上来说，每个人都应做适合他的工作，但这却与现实情况相冲突。由于现实城邦中的护国者并非理念世界中的上帝那样全知全能，难以知悉城邦中所有人的情况，并为其安排适合从事的工作，而且辅助者和生意人也需要一定的时间及机遇对自己进行充分的认识，所以那种符合国家正义的和谐秩序是很难达到的。

同样，在个人正义内部也存在着矛盾。柏拉图在"理想国"中尽可能

① ［古希腊］柏拉图：《理想国》，张竹明译，译林出版社 2012 年版，第 192 页.

第二章　马克思正义观的理论源泉

地培育公民的美德，但是人的美德在他那里完全是僵化的，毫无自由可言。按照柏拉图的观点，评判美德的标准是智慧和知识，但辅助者和生意人并不具备智慧和知识进行评判，于是就完全由理性的化身——护国者制定规则，辅助者和生意人服从并按照规则执行即可。然而，德性应是人的自由选择及发展的结果，不可能是被迫接受的，正如维特根斯坦所言，"'遵守规则'是一种实践。相信自己在遵守规则并不是：遵守规则。因此，人们不可能'私人地'遵守规则，因为，否则，相信遵守规则便同于遵守规则了"①。可见，遵守规则与服从规则是两回事。必须承认，一个人在道德选择上极有可能出现失误，如果这个人只是普通人的话，造成的损害不至于很大，但若出现道德失误的人是护国者，而且这种道德失误是极恶的，则其破坏力及造成的后果都将是难以估量的，并几乎可以肯定会导致极大的不正义。就这个意义来讲，柏拉图的正义理论在促进美德形成的同时，也给美德的形成带来了巨大阻力。对此，巴克曾经指出，柏拉图"试图通过物质手段实现精神结果，他在努力消除罪恶产生的机会时，也消除了美德产生的机会"②。造成这种矛盾的根源是，柏拉图没有从以法律权利为基础的法律社会的概念出发来强调正义，也没有把正义设想为维护和协调法律权利的体制。

在城邦正义的内在逻辑下，柏拉图在其"理想国"中实行的是哲学王统治，也就是说作为一个国家（城邦）的王必须同时拥有治国智慧、行政能力和政治能力。但是，哲学家的特点又决定了其极有可能并不具备政治能力。政治必然涉及权力，而权力既可以为自己谋利，也可以为公民服务。矛盾的是，柏拉图一方面强调权力的重要性，另一方面又要限制权力的作用，他对待权力的这种两面性使得所谓的哲学王的位置摇摆不定。其实，哲学王统治的最大困境在于公民对在社会中推行哲学的不理解和抵抗，以及哲学王自身的哲学信念与政治权力之间的内在冲突。这就使哲学王陷入了道德和行动上的两难——坚持信念可能导致权力的丧失，维护权力又可能导致信念的改变。

---

① ［奥］维特根斯坦：《哲学研究》，韩林合译，商务印书馆 2013 年版，第 144 页。
② ［英］厄奈斯特·巴克：《希腊政治理论：柏拉图及其前人》，卢华萍译，吉林人民出版社 2003 年版，第 316 页。

值得强调的是，无限权威除了会让护国者实行专制统治之外，还会让其滋生骄傲自大情绪，不愿接受不同的意见，从而导致治理混乱。同时，长期的大权独揽也会使护国者走向"理想主义"。在此过程中，护国者对现实会越来越不满，于是便力图构造一个完全听命于自己意志的"理想王国"，为此不惜摧毁现有的一切秩序，甚至还会违背人类的逻辑对人性进行改造，其结果必然是把整个城邦的公民推进灾难的深渊。可以说，追求"理想的"政治，比单独追求权力危害更大。

此外，柏拉图所设想的正义国家并不能有效地维护国家安全，因为其制度设计并不能真正消除内乱等弊病。比如，生意人不会甘心永远受统治，充满欲望使他们渴求权力，物质财富又使他们有能力追逐权力。正因如此，当上升途径被封闭的时候，生意人极有可能发起行动颠覆国家现有的统治秩序。虽然在柏拉图构建的等级体制下，不同等级的人之间是可以流动的，但由于缺乏可操作的标准及制度安排，事实上实现等级流动的可能性微乎其微。因此，这种静态、僵化的体系极有可能孕育剧变。况且，要想真正节制辅助者的欲望也是极其困难的，欲望的膨胀可能使其压榨和掠夺生意人的财富，从而导致护国者与生意人之间发生矛盾和冲突，引发国家内乱。可见，哲学王统治的国家非但不能有效维护国家安全，反而可能引发巨大的安全危机。

综上所述，柏拉图的正义思想突出了以正义为核心的城邦政治的秩序性，旨在构建一个理想的、完美的城邦，他探寻正义的、有秩序的、和谐的生活的努力富有意义，但问题在于仅有秩序是不够的，还要有正确的方向。

三、亚里士多德的"正义即友爱"

亚里士多德的正义思想具有广阔的视野，其中既有对伦理学和政治学的探索，也有对经济学和法学的思考。他对正义做了详细的分类和说明，并从伦理层面、经济层面和政治层面将正义分为普遍的正义和特殊的正义、经济交换和公民友爱、实践智慧和政治判断。

（一）伦理层面

亚里士多德首先考察了善的概念，并在拒斥了作为善的生活的最终形式的快乐和财富之后，走向了关于实践和理性活动的德性生活。他认为，德性生活不是别的目的或实现其他意图的手段，而是"是其所是"①。善的生活就是个体在灵魂发展过程中的德性的、理性的活动，它作为潜能隐藏在每一个个体中，并通过政治教育得以滋长。亚里士多德曾经指出："一个人若不喜欢公正地做事情就没有人称他是公正的人；一个人若不喜欢慷慨的事情就没有人称他慷慨，其他德性亦可类推。如若这样，合德性的活动就必定自身就令人愉悦。"② 在亚里士多德看来，公正是总体德性的实践，人最重要的德性就是正义。在政治共同体中，德性的个体通过与其他成员的交往而实践德性。同时，也只有在政治共同体中，人方能成为一个真正的个体，并实现其潜能和自由。可见，在亚里士多德那里，人的最终目的，就是实现个体幸福与共同体幸福的联合。

亚里士多德考察了正义的表现形式，将其总结为普遍的正义和特殊的正义两类。普遍的正义是就社会的每一个成员与整个社会的关系而言的，它要求全体社会成员的行为必须合乎法律以及既有的道德规范。普遍的正义是一个社会的政治特性的法治状态的代表，它为人类共同体的善创造出公正的法则。亚里士多德认为，"既然违法的人是不公正的，守法的人是公正的，所有的合法行为就在某种意义上是公正的。因为，这些行为是经立法者规定为合法的，这些规定都是公正的……所以，我们……把那些倾向于产生和保持政治共同体的幸福或其构成成分的行为看作是公正的"③。亚里士多德的普遍正义思想是一种关于政治共同体的性质与制度、法治结构与经济结构、社会交往类型与政治秩序安排的标准。在亚里士多德看来，普遍的正义关乎城邦的制度建构以及理性、自由、德性之公明地创生。由于正义在本质上关乎人类潜能在一个自由、理性的社会中实现的可

---

① ［古希腊］亚里士多德：《形而上学》，吴寿彭译，商务印书馆1959年版，第134页。

② ［古希腊］亚里士多德：《尼各马可伦理学》，廖申白译注，商务印书馆2009年版，第23页。

③ ［古希腊］亚里士多德：《尼各马可伦理学》，廖申白译注，商务印书馆2009年版，第142页。

能性，因而循着这个逻辑线索，亚里士多德自然要追问：社会和社会正义的目标是什么？善良的人和有德性的公民的本质又是什么？这样，讨论的主题就转到了特殊的正义上。

相较于普遍的正义处理的是关于法律、德性及共同体的问题，特殊的正义关注的则是社会交往的直接形式，它关乎不同类型的社会交往关系，特别是经济关系中的均衡性问题。特殊的正义尤其关注分配的正义，亚里士多德将分配的正义称为"几何的正义"，即社会的财富、权利以及能够在个体之间分配的东西所依据的分配原则。亚里士多德认为，按照比例进行分配是公正的，但是按照何种比例却是有待商榷的。分配的公正要基于某种配得，不同的个体所追求的东西并不一致。每个人都同意应当在一定水平上基于个体对共同体贡献的多少来进行分配，但是在不同的政体下，衡量个体对共同体贡献的标准是不同的。那么，到底应该采取何种标准进行分配呢？亚里士多德回答："分配的公正要基于某种配得，尽管他们所要（摆在第一位）的并不是同一种东西。民主制依据的是自由身份，寡头制依据的是财富，有时也依据高贵的出身，贵族制则依据德性。所以，公正在于成比例。因为比例不仅仅是抽象的量，而且是普通的量。"① 可见，分配的正义涉及财富、权利、荣誉等有价值的东西的分配，对不同的人给予不同对待，对相同的人给予相同对待，即为正义。

亚里士多德认为，调节和矫正的正义基于均衡的比例，目的是在法律体系中恢复那种不正义产生之前即已建立起来的平衡状态。社会上的不公正可以通过公民的自愿交易手段来调节和矫正，如购买、出租、消费等。矫正的正义是对被侵害的财富、权利和荣誉的恢复和补偿，不管谁是伤害者，受害者都要从伤害者处得到补偿。回报的正义强调的重点并不是德性或者社会商品的分配，而是作为希腊城邦根基的政治经济学，处理的是市场中的社会交换关系。对此，亚里士多德指出："那种回报的公正，即基于比例的而不是基于平等的回报，的确是把人们联系起来的纽带。城邦就是由成比例的服务回报联系起来的。人们总是寻求以恶报恶，若不能，他们便觉得自己处于奴隶地位。人们也寻求以善报善，若不然，交易就不会

---

① ［古希腊］亚里士多德：《尼各马可伦理学》，廖申白译注，商务印书馆 2009 年版，第148 页。

発生，而正是交易才把人们联系到一起。所以，我们才为了提醒人们去回报善而在城邦中建立了美惠女神的庙宇。"① 也就是说，在亚里士多德看来，交换是共同体的行为，而不单单是个体的行为；回报合乎人的德性，是共同体得以在物质上形成一个统一的、和谐的整体的途径；公民应当被鼓励出于善良本身而回归善良。值得强调的是，亚里士多德这种关于回报正义的思想也为后世的哲学家所传承，如匈牙利哲学家阿格妮丝·赫勒即提倡用有德性的好人的良善生活超越正义。

在经济活动中，作为一种公度性基础，需求和货币是衡量不同商品之间交换的尺度。其中，需求是人为了自身的生存和发展自然具备的能力，是人创造财富与推动社会发展的条件，是不同社会劳动分工的产物；货币是商品交换的合法的、约定的社会基础。需求和货币都要进行交换，交换作为正义的经济表达，其目的是根据等价和均衡的原则来规范共同体中的个体行为。由此可知，亚里士多德并不是在考察了需要和货币的本质，并对经济学和商品生产以及由此产生的劳动关系进行批判之后而建立起伦理学基础的，即不是对经济体系中的不正义进行批判，而是在分析人的各种需求、分工以及交换的基础上，厘清其伦理学和政治学所探讨的根本问题的。亚里士多德在《尼各马可伦理学》中所探讨的经济学反映的是当时希腊社会特定的理想化状况，是从他所处时代的贸易形式中抽象出来的。在这部著作中，亚里士多德所强调的虽然仅仅是生意人之间的直接交换，但其理论的重要性和价值并不在于所论证的特定实质，而在于论证的整体逻辑、框架以及其正义理论的包容本质（此时经济学和伦理学还处于紧密的联系状态）。

（二）经济层面

在进一步考察特殊的正义的基础上，亚里士多德在其经济学理论中将正义视为经济交换和公民友爱。经济在构建政治共同体的过程中注定起着根基作用。通过考察希腊商业资本主义的发展过程，即从以物易物的交换模式到以货币为媒介的交换模式，再到以交换中一方的损失为代价的利益

① ［古希腊］亚里士多德：《尼各马可伦理学》，廖申白译注，商务印书馆 2009 年版，第155 页。

交换模式，亚里士多德发现，随着劳动分工的深化，不同的需求之间要进行交换，"正是需要把人们联系到了一起。因为，如果人们不再有需要，或者他们的需要不再是相同的，他们之间就不会有交易，或者不会有这种交易"①。也就是说，人们之间的交换是自然发生的，也是必然发生的。

随着商品交换的深入发展，人已从向善和追求德性的完满异化为对财富的无节制追逐，从而导致人的生存完全被异化了。这种生存是一种没有道德卓越性的"纯粹"生存，因为其摧毁了使社会中德性的、合理的生活得以可能的根基。商品交换的经济学解释作为亚里士多德经济学理论的一个层面，充分揭示了在商品交换和商业谋利之下，人类生存的目的异化成了追求财富，这是对人类生存潜能的颠倒。对这种颠倒的批判，依然需要基于交换，但却是互惠的交换，因为互惠的交换是保障公众幸福和社会正义的经济基础。

"友爱还是把城邦联系起来的纽带。立法者们也重视友爱胜过公正。因为，城邦的团结就类似于友爱，他们欲加强之；纷争就相当于敌人，他们欲消除之。而且，若人们都是朋友，便不会需要公正；而若他们仅只公正，就还需要友爱。人们都认为，真正的公正就包含着友善。"② 在亚里士多德看来，公民的友爱可以分为商业性的友爱和非商业性的友爱两类。商业性的友爱包括交换与合伙，属于城邦中的经济生活事务；非商业性的友爱涉及对城邦公共资源的分享，属于城邦中的政治生活事务。公民在政治共同体中交往时需要按照规范和规则行动，"友爱与公正都依赖于共同体且相关的程度相同。共同体不同，友爱与公正也就不同。政治共同体是最高共同体。共同利益被看作政治共同体的公正"③。只有在遵守共同的规范和规则的情况下，人们在商业活动中才能尽量避免相互倾轧，实现互惠。

亚里士多德认为，在商业性的友爱中，商品交换将公民联系起来。使得公民之间相互友爱而非抱怨的交换，应该是公正的交换。公正的交换行

---

① ［古希腊］亚里士多德：《尼各马可伦理学》，廖申白译注，商务印书馆 2009 年版，第157 页。

② ［古希腊］亚里士多德：《尼各马可伦理学》，廖申白译注，商务印书馆 2009 年版，第250 页。

③ ［古希腊］亚里士多德：《尼各马可伦理学》，廖申白译注，商务印书馆 2009 年版，第359 页。

为在其本性上就是交换的双方都得到了公正的回报的行为，而这里所说的公正即意味着每一方都从对方那里得到了自己的提供物的恰当的回报。所谓恰当的回报，也就是按比例的回报的公正。公民之间的交换是他们自愿的、自由的行为，所以没有人会自愿地选择在交换中接受价值低于自己的交换物的东西作为回报。友爱的特征是相互承认、相互爱和相互信任，这也与爱的本质和德性相关联。德性的友爱是友爱的最高形式，人与人之间会因个体的德性及善良的道德品质而相互友爱。从家庭中的兄弟友爱到群体中的朋友友爱，再到社会中的公民友爱，友爱的范围不断扩大，即是民主政治中社会正义的内涵。这也就是亚里士多德所说的，"共同生活是友爱的本质。它是友爱中最值得欲求的东西。每个人都在他最喜爱的活动中与朋友共同生活。共同生活使好人的友爱更好，使坏人的友爱更坏"①。总之，按照亚里士多德的设想，通过整体提升人类的精神和道德素质以及社会中的友爱价值而塑造出来的理想城邦，以共同的利益而不是个人的利益为出发点，强调公民的责任和义务，重视教育和个人发展，可以达到人类最高理性的境界。

(三) 政治层面

在处理了普遍的正义、特殊的正义及公民友爱等复杂问题之后，亚里士多德又回到了关于道德、知识和行动的本质这一复杂的认识论问题上。他认为，正义在其具体内容上分为相对正义和绝对正义。相对正义即约定的正义，它是人们在政治共同体中相互约定的结果，可能会由于情况的不同而发生矛盾和冲突；绝对正义即自然的正义，它不受时空的限制和束缚，拥有绝对的性质，表现为普遍的、永恒不变的原则。亚里士多德指出，自然的正义是相对变化的约定的正义的平衡力量，是必须遵守的。

亚里士多德将知识分成了理论知识、实践知识和创制知识三类。其中，理论知识是为了自身而需要去追求的知识，实践知识是为了行动而需要去追求的知识，创制知识是为了创作和制造而需要去追求的知识。他认为，实践知识在方法、内容、元理论和运用等方面都不同于其他两类知

---

① ［古希腊］亚里士多德：《尼各马可伦理学》，廖申白译注，商务印书馆 2009 年版，第362 页。

识，同时实践这种活动就是目的本身，而不仅仅是一种达到某种其他目的的手段。很显然，亚里士多德提出的实践这一理想化的概念是一个规范概念。一方面，它根本不同于描述的、价值中立的劳动概念；另一方面，它也是和异化劳动概念完全对立的。可见，不能将实践概念简单运用于对象的制作，实践与制作是两种不同的领域。实践智慧本身是灵活变通的，需要不断的观察领会和随机应变，其核心的先决条件就是长期的生活经验。换言之，人会因实践而形成一种能力去领会和把握具体事物的主要特征和实际意义。正是由于实践的理性特点，亚里士多德承认自己也很难为道德和政治行动确定评判标准。

亚里士多德认为，正义在政治层面上应当是平衡个人所持有的社会资源的差异，使每个公民都拥有均等的机会去实现未来，并探讨公民行为的合法性对城邦政治秩序的促进作用。在他看来，政治学是最权威的科学，政治学强调善是一种总体的善，实践智慧决定着人类的全部知识和活动，是一些决定着人之为人以及他们对善的选择的最重要的问题。通过实践智慧，道德行动者可以领会和把握具体事物的主要特征和实际意义，并对特定类型的伦理政治决定给出合乎德性的判断。同时，要做出一些可能的基于实践智慧之上的判断和伦理行动，就要预先建立一个正义的共同体。

考察柏拉图和亚里士多德的正义理论，不难发现两者都是在思辨的层面上，是在自己的"哲学之城"中从伦理和政治两个角度对正义做了全面解读。完备的伦理政治视域下的正义概念既包含对个人正直的绝对的追寻，又包含对社会规范和规则的理性的建构。当然，在古希腊城邦共同体中，道德立法与政治立法是互为前提的，这样就保留了伦理政治视域下的正义概念的完整性。按照亚里士多德的设想，最佳的政治世界既符合政治要求也符合伦理要求。伦理的正直美德在正义的国家中将得到实现，因为在理想的政治国家中，人的美德同公民的美德是一致的。而在现实的城邦之中，只有那些拥有美德的善良的公民才能得到幸福。

虽然亚里士多德哲学具有鲜明的伦理化倾向，但到了古希腊哲学晚期，完备的伦理政治视域下的正义概念已经逐渐解体，哲学的主要目标不再是追求智慧，而是追求个体的幸福。经过伊壁鸠鲁学说、斯多葛学派和怀疑主义的思辨演绎，正义概念中的正直理念已经变为纯粹的伦理概念。

于是，古希腊人的"灵魂之城"在现实世界彻底毁灭：实践正直不再等于实践善；伦理的正义概念不再能完全包含政治的正义概念，好人配享幸福与社会保障好人得到幸福之间已经不再一致；正义的应然与实然维度之间已经分裂，社会完全由道德规范和规则指导的期望被现实打碎。

第二节　启蒙时期的正义观

古代社会存在着一些对人的善的道德目的以及德性的认识，如仁爱作为道德至善将自然至善作为其内在目的而包含在内，人性是为了最终善而被塑造的材料，等等。但是到了现代社会，人们已经很难再形成对于道德目的的统一认识。无论是在古代社会还是现代社会，作为目的的善都被看成不只是有道德的人，同时也是良好社会中的有道德的人。要证明特定的善是为善，就必须找到善之为善的证据，并推导出来，而伦理的善只能诉诸人性角度来证明。最好的可能世界被看成是拥有最适宜的自由、最适宜的理性和最适宜的道德的世界。人性必须包含自由和理性，善是从自由和理性中推导出来的。

一、霍布斯的契约精神

霍布斯力图重建完整的伦理政治视域下的正义概念，于是便回到亚里士多德的传统，将伦理上的正直与政治上的社会规范融合起来。他认为，"'正义就是将每人自己所有的东西给与自己的恒定意志'。这样说来，没有所有（即没有所有权）的地方就没有不义存在；而强制权力没有建立的地方（也就是没有国家的地方）就没有所有权存在；在那种地方所有的人对一切的东西都具有权利；因之，没有国家存在的地方就没有不义的事情存在"①。霍布斯认为，最初人类在社会生活中处于维持机体生存的自然状态，在那种资源极其匮乏的状态下主要任务是尽力保护自己的安全。随着对自然的改造及社会交往的扩大，人类面临的情况开始变得复杂。同时，

---

① ［英］霍布斯：《利维坦》，黎思复、黎廷弼译，商务印书馆1985年版，第109页。

为了较好地保护自己的安全和切身利益，人必须让渡一部分权利，这部分权利同时也是别人能够让渡的，这样人就从初始的自然状态进入了社会状态。人让渡的这部分权利使得国家可能形成，是人类契约的产物。霍布斯在论述人的权利的同时，更加注重的是国家的权力。他认为，人类在进入社会状态以前处于自然状态中，这时没有任何公共权力的存在，人们各自为了自身利益而活动。当然，这时也不存在是非、正义等观念，人与人之间是野兽一样的关系，为了求利而竞争，为了安全而猜疑，为了求名而侵犯别人。渐渐地，人们在求生避死的欲望的驱使下，希望生命安全得到保障，希望走出残酷的自然状态，于是产生了人类社会的第一次契约行为，即用自然法来约束自然权利。之后，每个人都放弃了一部分管理自己的权利，并将这一权利全部授予一个会议，于是形成了公共权力，即国家。接着，人们又开启了第二次契约行为。因为有了公共权力，所以就有了统一的法律，这样人们就进入了和平的社会状态。在霍布斯看来，追求和平是最基本的自然法，为了维持和平，"在法律未加规定的一切行为中，人们有自由去做自己的理性认为最有利于自己的事情"①。为此，霍布斯把正义归结为遵守契约，只有依据契约，人的财产权才能得以实现。正如其所言，"正义的性质在于遵守有效的信约，而信约的有效性则要在足以强制人们守约的社会权力建立以后才会开始，所有权也就是在这个时候开始"②。

霍布斯认为，国家"就是一大群人相互订立信约，每人都对它的行为授权，以便使它能按其认为有利于大家的和平与共同防卫的方式运用全体的力量和手段的一个人格"③。在考察完国家的起源之后，霍布斯创造了一个特别的政治模式，即法律应该有助于提振公正、正直；法定的规范和道德的规范应该一致；个人的自由应该在让渡了部分权利并服从国家法律的情况下，得到法律的保护。一言以蔽之，国家是保证公民的公正、正直的手段。需要指出的是，霍布斯创造的这种实质性的模式完全存在于思辨中，即"哲学之城"内。正是因为它是经由主观逻辑演绎而成的，根本没

① ［英］霍布斯：《利维坦》，黎思复、黎廷弼译，商务印书馆1985年版，第164页。
② ［英］霍布斯：《利维坦》，黎思复、黎廷弼译，商务印书馆1985年版，第109页。
③ ［英］霍布斯：《利维坦》，黎思复、黎廷弼译，商务印书馆1985年版，第132页。

有植根于伦理的既有形式，所以反而加剧了完备的伦理政治视域下的正义概念的破产。

二、卢梭的"公意"

卢梭对人性的设想与霍布斯不同。他从"人性善"的角度出发，认为在人类社会产生以前人们处于一个没有人际交往、语言、家庭、住所、技能等的自然状态。此时，人享有天赋的自然权利，即自由和平等。人类由自然状态过渡到社会状态，是从天然平等向社会不平等的过渡。这是人类社会的第一次过渡。

在卢梭看来，第一次过渡时，由于人的生理上的不平等导致了人的事实上的不平等。随着生产的发展私有制产生了，这就导致了社会不平等。而社会不平等的继续发展又必然会导致现有的统治被推翻，于是社会又开始实现新的平等，即由社会不平等向社会平等的过渡。这是人类社会的第二次过渡。第二次过渡的结果并不是霍布斯所说的有绝对权力的"利维坦"，而是集强制权力和自由权利于一身的"公意"。人在公意之下必然保有良心。良心是天赋的自然情感，良心在知识和理智活动领域起着辨别真假是非的规范作用，在伦理层面尤为重要。良心不是一种消极的感觉，而是趋利避害、向善背恶的天然倾向。在卢梭设计的理想共同体中，美德与自由相结合，邪恶与不自由相结合。卢梭认为，有自由的地方就会有美德。人类的激情不必为人的邪恶负责，人的理性很有可能在竞争性、压迫性的文化中被破坏，人的有限理性必须通过规范和规则在人类共同体中借助于人类的共同理性来重建。

卢梭指出，正确的理性不能是特殊意志的产物，必须是公意的结果。公意是集体的内在权威，是人类的集体良心，它的责任在于检视规范、规则和民意等外部权威，进而建立新的、合理的规范和规则。关于公意，卢梭还说："我们每一个人都把我们自身和我们的全部力量置于公意的最高指导之下，而且把共同体中的每个成员都接纳为全体不可分割的一部分。"① 公意在每个个体中是纯粹的理解性行为，即当激情消退时，思考一

---

① ［法］卢梭：《社会契约论》，李平沤译，商务印书馆 2011 年版，第 20 页。

个人能够对他的同伴要求什么以及他的同伴有权要求他什么。卢梭进而表达了他在启蒙理性下所思考的问题："人类从自然状态一进入社会状态，他们便发生了一种巨大的变化：在他们的行为中，正义代替了本能，从而使他们的行为具有了他们此前所没有的道德性。"① 在卢梭看来，权利平等以及由它们产生的正义理念来自每个人的偏私心理，它根源于人的天性，而公意要真正成为全社会的公意，它的目的和本质就应当是公正的。公意必须来自全体，这样才能适用于全体。如果它倾向于某个个别的或特定的目的，就会失去它的天然的公正性，因为这时人们是根据一些与他们自己无关的事情来进行判断的，所以也就没有真正的公平原则来指导他们。这个问题已经成为道德规范的主要问题。基于工具理性，每个人都必然会服从他自己要求别人遵守的规范，这种利益与正义之间的一致性，使得公众的讨论具有一种任何其他个别的事情所没有的公正性。此外，卢梭也认为，人去求助理性时会自然地遵守理性，而尽义务地服从于君主，就是每个人的利益之所在。可见，此时"公意"变成了一个外在化的和异化的"绝对命令"。由于对正义的追求的主体是人，而人却是复杂的、多变的，所以当公众基于正义的初衷盲目地推动改变已有秩序时，极容易被野心家所利用，致使公众沉迷于制造敌人和攻击敌人的危机感中，从而实现虚假的公意的团结。卢梭从抽象的"人性善"的角度出发，通过人类社会的两次过渡，在个人意志和个体利益之外，悬设了一个超越不同个体利益的共同意志和共同利益，即公意，但这只是一种无处落实的政治理想。卢梭认为，个人意志容易受人性的自私欲望的左右，只有基于公共利益而存在的公意才是立足全体的，才能够公正无偏并永远以公共利益为依归。然而实际上，私欲与公意之间存在着难以调和的冲突，这种冲突可能就意味着卢梭调和公共意志与个人意志的尝试终将走向失败。

三、休谟的情感正义观

在休谟看来，正义作为人拥有的理念是后天形成的，是在人的自利心和公利心这两种情感的支配下产生的。自利心是人类最本能的动机，公利

---

① ［法］卢梭：《社会契约论》，李平沤译，商务印书馆 2011 年版，第 24 页。

心是人类在利己的动机驱使下生发的，两者共同构成了正义产生的人性根源。休谟的重要性在于，在完备的伦理政治视域下的正义概念破产后，他从伦理正义的角度开创了一种基于人性论的情感正义观，它从人性的根源——自利心和公利心——出发，探讨了正义产生与形成的问题。

人类最早的正义理念是不谈人的，而是指宇宙自然中普遍存在的理性法则，人通过"神启"才获得关于正义的法则。换言之，正义法则是先天、天然存在的，而人类关于正义的思想观念则是天赋的。人们可以通过对宇宙的沉思获得正义理念，也可以像苏格拉底那样借助"神启"，或者像柏拉图那样在"灵魂回忆"中获得。但是，这几种获得正义理念的途径的真实性和可实践性值得怀疑，因为当人们真正思考自己的现实生活时，所谓的先天正义理念不足以为他们确立正义原则提供恰当的依据。从古希腊哲学家亚里士多德起，"先天正义"就因其纯粹的理论性而转向"后天正义"，而哲学家们的思考对象也逐渐从宇宙转向城邦，因为正义就在城邦之中，就是人们在后天生活中为共同的生活目的而创造出来的自我规范的规则。可见，正义完全是人类现实生活的产物，是人的造物。

休谟承袭了亚里士多德的思考，并探讨了正义作为人的造物是如何产生及形成的。休谟认为，有两个条件刺激了正义的产生，即客观资源的稀缺和人的自利本性。也就是说，"正义只是起源于人的自私和有限的慷慨，以及自然为满足人类需要所准备的稀少的供应"①。如果人类处于物质极其丰富或者极其匮乏以及人性极其良善或者极其邪恶的境况下，则根本不需要考虑有限资源的分配问题，也就不存在正义问题，因为这时作为调节有限物质资源在中等良善和中等自私的人群中的分配法则的正义毫无用武之地。事实上，人类却恰恰处于这个中间地带。面对充斥着竞争性和排他性的社会生活领域，人的自利本性作为生存的本能就被激发出来了。但是，个人又不可能通过独自生活实现这种自利，因为人作为社会性的存在，必须在共同的社会生活中通过合作实现自利。也就是说，在共同利益的基础上，一个人必须与其他人建立互惠关系。与此同时，"正义对于维持社会是必要的，这种必要性是正义之德的惟一根据。……没有什么道德优点是

---

① ［英］大卫·休谟：《人性论》，关文运译，商务印书馆2016年版，第532页。

比正义更受尊重的"①。"正义之德"的用处和趋向是通过建立和维护社会秩序来使人们获得幸福和安全。休谟认为，人在重视自己的幸福和福利的同时，要赞扬正义和人道的习俗，如此才能维持社会的联盟，个人才能收获相互保护、相互协助之果。可见，人类对公利的追求源于自利的目的，而正义产生的目的则是作为调节共同生活的人与人之间关系的法则。

休谟认为，正义的产生根本上源自人的情感，自利心是人类与生俱来的情感意欲，不是任何理性认识的产物。因此，正义产生的原初动因是情感的而非理智的。公利心本质上也属于人的情感范畴，但是含有一定的理智成分，如人们看到有助于社会公利的行为会感到欣慰，而看到有损于社会公利的行为则会愤怒。也就是说，情感使人吁求正义，而理智则使正义作为调节公共利益的存在成为可能。公利心作为一种后天养成的道德情感，与人的各种天然的道德情感有着根本的不同。首先，天然的道德情感出于人的原始本能，而公利心则是人受社会上已经存在的制度、教育以及共同体文化影响的结果。其次，天然的道德情感一般指向具体的个人所处的利害情境，而公利心指向的则是人类整体所面临的利害情况。最后，天然的道德情感是人自然而然拥有的，而公利心则需借助理性知识的引领才有可能形成。

在休谟看来，人的公利心作为人的德性是有别于人的天然的良善的。天然的良善通常是由一个具体可感的对象所引发的，而公利心则包含了从对他人的仁慈到对人类整体的关切。公利心由于其特性必然要求正义规则和制度的培育，这样人们就能在遵循正义规则和制度的前提下采取行动时，自然而然地生发出强烈的道德感和公利心。公利心也就是人的正义感。人因其利己心必然对他人的不正当行为对自己造成危害做出反应，而人因其公利心即正义感，也会对他人的不正当行为对公众造成危害做出反应。

休谟认为，有利于增进人类的公共利益和社会合作的就是正义的行为和规范，反之就是非正义的。正义规则必然存在有用性问题。人们对事物的正义性的判断会随着人们对事物客观效用的认识的变化而变化，当人们

① ［英］大卫·休谟：《人类理智研究 道德原理研究》，周晓亮译，沈阳出版社 2001 年版，第 194 页。

以对公利的客观效用为依据时，就能对特定的行为和事物的善恶做出明确的判断。正义具有制度性。正义往往作为普遍的制度规范而存在，用以调节基本的社会制度以及与其相关的一系列行为。同时，正义也具有协同性。正义作为制度规范而发挥作用，必然需要人们的配合，即要求社会成员认同并遵守制度规范。而"自然之德"就不具有这种协同性，它的实现更多地依靠个体来完成。可见，正义要发挥作用，就必然要在一定的共同体内。换言之，正义离不开共同体成员对制度规范的认同和遵守。

第三节　德国古典哲学的正义观

一、康德的"自由即正义"

在西方近代思想史上，自由主义全面兴起，因此在正义问题上，康德的正义思想也与人的自由息息相关。康德的正义思想主要包括两方面内容：一是基于自由主义的基本立场提出了基于自由的正义原则，二是构建了正义的普遍必然性基础。康德的"自由即正义"思想对哈耶克、罗尔斯等现代哲学家产生了深远影响，他称得上是西方古典自由主义正义理论的奠基人。

康德认为，正义社会的全部特征就是对公民的基本自由权利的无条件保护，而自由就是"没有人能强制我按照他的方式（按照他设想的别人的福祉）而可以幸福，而是每一个人都可以按照自己所认为是美好的途径去追求自己的幸福，只要他不伤害别人也根据可能的普遍法则而能与每个人的自由相共处的那种追逐类似目的的自由（也就是别人的权利）"①。因此，个人应该被允许按他自己希望的方式去追求他所要的幸福，只要这种自由的选择行为能够与别人的相互共存。换句话来说，只要不对他人的自由构成侵害，或者不影响他人的自由，个人就有权做他想做的一切事情，这就是人的自由权利。而人之所以有这一权利，根本的原因就在于人是具

---

① ［德］康德：《历史理性批判文集》，何兆武译，商务印书馆 2011 年版，第 187 页。

有自我意识的理性的存在。人具有自我决定、自主自为的能力，所以应当自由地追求自己的幸福生活。

康德认为，理性自由是人的普遍本性，人的自由权利从根本上来说源于人自身内在的这一普遍本性的要求，因此人的自由权利应受到无条件的保护，而不得被以任何原因或借口所限制甚至伤害。"自由是独立于别人的强制意志，而且根据普遍的法则，它能够和所有人的自由并存，它是每个人由于他的人性而具有的独一无二的、原生的、与生俱来的权利。"① 自由不一定都出自人的理性自由的决定，自由又分为任性的自由和意志的自由。任性的自由是指人在自己的感性欲望的支配下做出任意选择行为。由于人的理性是受制于感性的，人是自身感性欲望的"奴隶"，因此任性的自由并不是真正的自由。意志的自由是指人将自身的行为建立在理性的基础上，使其遵从理性颁布的道德律令而行动。也就是说，唯有理性支配着人的感性欲望的时候，人的行为才是真正的自由行为。

康德所说的人的本质自由、真正的自由，是一种人的理性本身的根本特性和能力，因此凡出自理性的自我要求和自我立法的行为，都是真正的自由行为。康德指出，不被强迫的自由还只是一种表面的、形式的行为自由，还不能直接等同于人的本质自由，除非这种自愿的行为同时也是出自理性的绝对命令的行为，而不是由感性欲望所主宰的行为。当然，自主自愿的行为毕竟是人的自由的基本表现形式和实现方式，人只有拥有了自主选择与行动的自由，他作为理性存在的本质自由才能得以实现。正因如此，要尽可能地运用国家法律的力量来保护人的自由权利，也就是要尽可能地使个人的生活免于外力的干预和强迫，这样才能实现人的自由。

康德认为，作为真正自由的意志的自由，必然需要道德领域和政治领域的保护，而符合正义本质并遵循正义原则建构起来的文明社会也必须围绕自由的维护与限制建立起正当的法律强制体系。人作为理性存在，基本都拥有自由选择的能力，人的选择自由应当在全体社会成员中平等地分配，所以平等自由权利是人的基本权利。正当的法律强制必须遵循人的平等自由权利原则。全体社会成员都应该享有平等的自由权利，并生活在共

---

① ［德］康德：《法的形而上学原理——权利的科学》，沈叔平译，商务印书馆2017年版，第53页。

同体的基本自由体系之内；每个人的平等自由权利都应受到法律的同等保护，而侵犯其他人的权利者也应受到法律的同等制裁。法律强制涉及的只能是公民的外在行为，并不能控制人的内在动机，人的内在动机决定了人的行为。但是，人的内在动机是出于自利心还是正义感，这是法律所不能控制的。法律强制的对象只能是公民的行为自由，它既要保护公民的行为自由权利，同时也要对公民的任性的自由行为有所限制，限制的是人与人之间那些可能会造成相互侵害的任性的自由行为，但不涉及个人针对自身所采取的自由行为。换言之，法律只能管辖个人做出的与他人相关的行为，法律所处理的实际上只是人与人之间的行为关系，即禁止一个人对他人的自由可能造成妨碍的行为，同时也要保护一个人的正当自由不会受到他人的妨碍。法律不能涉及个人针对自身所做的事，个人与自身的关系属于个人自主决定的领域，与他人无关，只要不妨碍到他人，就无须法律来加以调控和干预。也就是说，人的自由应受到最大限度的尊重与维护，但正是由于法律的根本目的就是最大可能地维护人的自由权利，所以不得不对人的任性自由有所限制。

在康德看来，基于正当的法律强制，在真正实现对人的自由的保护的基础上，正义的文明社会才可能出现，"凡是在法律的含义上与外在法律相符合的事情，称为合乎正义（或公正），凡是在法律的含义上与外在法律不相符合的事情，称为非正义（不公正）"①。法一般地被看成是实践理性，产生于人的意志。意志为行为的准则提供法则，就具备了实践理性的要素，进而就会成为实践理性的本身。这种意志作为一种能力，不服从于任何外在的强制。那种只有在人的自身有意识的活动的过程中的选择行为，才能称为自由。而正义的社会首先必须洋溢着高度的自由，同时人的自由也能在社会中得到最为充分的实现。法律强制的目的不是消灭人的自由，恰恰是更好地维护和促进人的自由。正义的社会是具有基本权利保障的社会，法律所保护的自由通过人应享有的法定权利来体现。正义的社会保障人们平等地享有法定权利，唯有如此，人才能充分地实现自由。基于法律对自由的保护作用，人们必然呼唤普遍的法治社会的到来，正如康德

① ［德］康德：《法的形而上学原理——权利的科学》，沈叔平译，商务印书馆2017年版，第27页。

所说："对于法律的状态，则可以这样说：'所有的人，如果他们可能甚至自愿地和他人彼此处于权利的关系之中，就应该进入这种状态。'"① 只有国家的法律制度才能对人的权利进行精确而有效的规定，并做出最有力的保障。康德将对于自由和权利的保障作为正义探讨的主题，这是侧重于政治层面的正义概念内涵。康德的正义理论旨在探讨人的权利保障和实现的问题。由于人的权利保障主要是通过社会的制度安排来实现的，因此谈正义与否就是谈社会制度正义与否，正义原则就是社会制度安排应遵循的原则。可见，这有别于伦理的道德法则。如果社会缺乏良好的制度规范和法律体系，那么期望全体成员普遍具有良好的道德品质几乎就是不可能的。因此，好的社会制度是好的人的德性的基础。

依照康德的意见，经验论和唯理论都无法为道德哲学提供合适的基础，这一基础只能在纯粹理性中去寻找。同时，客观的道德律是一个绝对命令的概念。为了理性地行动，个体必须将自身的判断和行为纳入道德律所要求的普遍原则、不矛盾原则、人性尊严原则、道德主权原则、个体自治原则和目的王国原则之中，而且这种判断和行为在一切道德领域都适用。所以，道德判断是一个自我立法的过程，因为道德律的确定是个体从自身中生发的。可见，康德的目标就是维护自我意识的自由、尊严和道德的自治，而且作为正义的两个维度，伦理的正义和政治的正义都需要在人自身内在的纯粹理性中去寻找。

康德认为，人应遵循的行为准则必须是能够普遍化的行为准则，如个人对他人采取的方式也是他人可以用来对待自己的方式，这是合乎道德的、正当的规则。如果个人的行为自由妨碍了他人的自由，那么这种自由就是不正当的。事实上，这样一种道德哲学由于其仅仅包容排除了社会成分的抽象的形式法则，并且允许事物只要履行了形式逻辑上的要求就可能作为一条道德法则而成立的情况存在，所以包含着极大的真实的危险，会导致道德反而为不道德做辩护的情形发生。

① ［德］康德：《法的形而上学原理——权利的科学》，沈叔平译，商务印书馆 2017 年版，第 139 页。

二、黑格尔的"理性即正义"

黑格尔将道德哲学的问题重新融入古典的自然法传统中予以讨论，并且转向了伦理和社会问题，如此转向必然要求对人的理性进行考察。黑格尔认为，"一切维系人类生活、具有价值和能行得通的东西，都有精神的本性，而这个精神领域也惟有通过对真理和正义的意识，通过对理念的把握，才是现实存在的"[①]。由此，黑格尔在对实证论、经验论和个人主义的批判中，道德问题变成了有关自我意识在共同体中的发展、共同体与市民社会的关系以及道德与社会伦理、个体自由与社会自由差异的问题。

在黑格尔这里，道德哲学发生了转向，关于德性、自由和正义的问题有了新的前提，即人是社会存在物。黑格尔认为，关系道德的问题必然不能离开历史和具体的社会制度，正是现实的社会建构了道德的概念框架及原则。而在此之前，按照康德的观点，人是不受自然状态约束，不受社会契约约束，完全作为一个自治的道德存在者而存在的。但随着伦理维度和政治维度的发展，道德和自由的意义相应地增添了新的成分，于是社会制度如何建构、限定、增进道德自治，道德启蒙和社会行动的潜能怎样被社会约束和被虚假意识所控制并压抑，就成了黑格尔思考的主题。黑格尔将伦理生活视为有机的社会体系，认为伦理完全融入了主体的道德生活，伦理的普遍性不再如康德所言，即作为法律对个体统治的符号而出现；道德共同体的伦理生活代表着个体德性生活的可能性，这种由教化产生的综合带来了人的本质、美和自由的实现。黑格尔对伦理生活本质的探讨，体现了他对德性、教育、伦理的共同体统一的近似古希腊传统的回归。

在黑格尔看来，正义是理性和绝对精神的化身，法是基于正义的理念而创立的，之上的一切都要以此为依据。"在法的直接性这一领域中，犯罪的扬弃首先是复仇，由于复仇就是报复，所以从内容上说它是正义的，但是从形式上说复仇是主观意志的行为，主观意志在每一次侵害中都可体现它的无限性，所以它是否合乎正义，一般说来，事属偶然，而且对他人

---

① ［德］黑格尔：《逻辑学》，梁志学译，人民出版社 2002 年版，第 29 页。

来说，也不过是一种特殊意志。"① 按照黑格尔的观点，思想本身也是发展的，不可能有终极的真理和正义，但是他在法国大革命中看到了永恒的正义，并认为这一正义思想是法的依据，也是今后一切存在的依据。黑格尔的正义思想的内在矛盾在于：正义思想在他的理论里最初是发展的，但是经过法国大革命的现实实践，正义思想在现实的推动下被他完善了，继而又停滞了。可见，黑格尔的正义思想是革命性和保守性并存的，正如他的哲学方法和哲学体系的矛盾一样。但是，即使存在这种革命性和保守性的矛盾，黑格尔的正义思想依然是深刻的。

在资产阶级革命时代精神的感召下，黑格尔把自由作为正义的核心内容。他认为，人的本质是自由，人有意志自由，也就有伴随自由意志而来的权利，正如他所说，"法的基地一般说来是精神的东西，它的确定的地位和出发点是意志。意志是自由的，所以自由就构成法的实体和规定性"②。可以说，黑格尔的全部哲学其实就是主体与客体相统一的哲学，但这种主体与客体的统一不是原始的统一，而是从抽象到具体的过程。这样黑格尔就以认识论的形式第一次阐述了自觉的辩证法，把自然、社会和思维都看作运动发展的过程。这一过程既是总体联系的过程又是发展的过程，由此确立了辩证法的两大原则，即总体联系原则和发展原则。同时，这一过程又是矛盾的自我分裂和自我统一的过程，既消除片面的客观性又消除片面的主观性，从而达到了否定之否定。由此可知，黑格尔的进步意义在于把事物的集合体变为过程的集合体，并在这种形式下叙述了在主体的基础上所达到的主客体的统一。黑格尔哲学体现了旧哲学范围内的最高成就，也是对主客体统一问题最合理的解决方式，他为人们指明了走出"迷宫"的道路，即主客体统一的基础是既客观又能动的存在。这种存在，是一个历史发展的过程。从现代哲学史的发展进程可以看出，这种既客观又能动的存在只有一个，即人的实践，也只有在人的实践的历史过程中，才可能说明主客体的分化和主客体的统一现象。

然而，黑格尔囿于传统的思维方式和哲学模式，还是把这种既客观又能动的存在归结于意识，认为"这种普遍原则就是事物的本质和真理，不

---

① ［德］黑格尔：《法哲学原理》，范扬、张企泰译，商务印书馆 2009 年版，第 123 页。
② ［德］黑格尔：《法哲学原理》，范扬、张企泰译，商务印书馆 2009 年版，第 12 页。

是感官所能把握的。例如义务或正义就是行为的本质，而道德行为所以成为真正道德行为，即在于能符合这些有普遍性的规定"①。这样黑格尔就把人的现实历史运动变为认识的过程，把人类对自身解放的追求，即自由问题的追问变为真理问题，于是才有了"只要一个人能意识到他的自由性，则他所遭遇的不幸将不会扰乱他灵魂的谐和与心情的平安。所以必然性的观点就是决定人的满足和不满足，亦即决定人的命运的观点"②。令人遗憾的是，虽然黑格尔指明了走出"迷宫"的道路，但他本身却没有走出来，最终还是把思维与存在统一的基础归于思维，陷入了认识论哲学固有的怪圈。

总的来看，黑格尔的正义观建立在其哲学的基础之上，强调个人自由应绝对服从国家权威。随着国家的双重化，黑格尔把国家构想成与市民社会的共同福利有关的立法、行政和司法机关，同时认为国家是至高的善，是全部善与自由的最终来源。黑格尔对秩序和权威绝对推崇，但却认为市民社会中所生活的活生生的人只表现为理性和正义实现过程中的无意识的工具，以至于完全看不到人民群众的主体力量和改造自身命运的作用。

第四节　功利主义和空想社会主义的正义观

对西方的正义观进行纵向考察，可以发现它由重自然、重秩序发生了一系列转向：资产阶级革命初期，在正义价值的指引下开始呼吁自由、平等、博爱；资产阶级革命胜利后，致力于对秩序和权威的建构；工业革命之后，则侧重于对功利和效率的追求。

一、功利主义的正义观

功利主义是 18 世纪下半叶兴起于英国的一股哲学和社会思潮，现代的福利观念就来自当时的经济学等社会科学的重要发展，尤其是功利主义的

---

① ［德］黑格尔：《法哲学原理》，范扬、张企泰译，商务印书馆 2009 年版，第 75—76 页。
② ［德］黑格尔：《小逻辑》，贺麟译，商务印书馆 2009 年版，第 312 页。

兴起。随着社会的发展，作为政治哲学中分析研究最多的概念——正义，已经不可避免地与福利制度和功利主义捆绑在了一起。西方福利国家概念的正当性常常是通过强调再分配的正义来证明的，同时福利国家也不是根据资源合法所有权的程序性规则来配置与个人权利资格相联系的经济资源而界定正义的，而是将正义定义为一套复杂的制度。

（一）亚当·斯密基于利益的正义观

英国古典政治经济学的奠基人亚当·斯密，是功利主义的启蒙者，他把谨慎、正义和仁慈并称为三种美德，如"关心自己的幸福，要求我们具有谨慎的美德；关心别人的幸福，要求我们具有正义和仁慈的美德。……三种美德中的第一种最开始是我们的利己心向我们提出要求，另外两种美德是我们仁慈的感情向我们提出要求"[1]。斯密认为，大部分伦理范畴都是有对象限制的，不具有普遍适用性，而谨慎、正义和仁慈则是为大家所公认和恪守的，因而是具有普遍适用性的美德。在斯密看来，"有一种美德，一般准则对它要求做出的每一种外在的行为做了最大程度精确地规定，这种美德就是正义。正义准则规定得极其精确，除了可以像准则自身那样准确地确定，并且通常确实出自与它们一样的原则者外，不允许有任何例外和修改。举个例子来说，假如我欠某个人十镑钱，不管是在约定归还之日还是在他需要这笔钱之时，正义都要求我要原数归还"[2]。正义准则是最严密的、最确定的，它可借助于立法、权威等来确证并维持，因而是一种社会性道德，具有外在的、客观的强制性。不同于对谨慎和仁慈这两种不精确的道德法则的界定，斯密把正义的规则视为精确的，认为人们可以准确地按照正义法则行动。斯密的正义观建立在人与人的利益的关系之上，认为人们从事经济活动是从自己的个人利益出发的，但"生活必需品的分配，与土地产品的分配近似，有一只看不见的手，指引他们平均分配给全体居民，从而不知不觉地增进了社会利益，并为不断增加的人口供给生活资料"[3]。同时，他还认为人的本性中既包含利己心，也包含公利心即同情

---

[1] ［英］斯密：《道德情操论》，王秀莉译，上海三联书店 2011 年版，第 311—312 页。
[2] ［英］斯密：《道德情操论》，王秀莉译，上海三联书店 2011 年版，第 203 页。
[3] ［英］斯密：《道德情操论》，王秀莉译，上海三联书店 2011 年版，第 215—216 页。

心。人因为同情心会自然地关心别人的祸福，从而使自己的福利与他人的福利的实现相互协调，这就是正义的根源。

（二）边沁的功利正义观

19世纪初，正义概念已经完全分裂，并逐渐演变为政治的正义概念，功利主义的集大成者边沁正是这种转变的代表。边沁认为，人都是追求幸福和逃避痛苦的，能够使人愉悦、得利、幸福的外物，是人所一直追求的，能够使人痛苦、失利和不幸的外物，是人所一直逃避的。求福避苦，是人不变的本性。"正义在唯一具有实意的意义上，是个想像出来的角色，为论说方便予以乔装打扮，其命令实为应用于某些特殊场合的功利要求。因此，正义无非是一种想像的工具，用来在某些场合、以某些办法促进仁慈目的。正义命令不过是仁慈命令的一部分，后者在某些场合被应用于某些问题，即被应用于某些行动。"① 此外，边沁还引入经济学的效用概念来衡量人的状况。他认为，人在自己一生中的绝大多数情况下都会自然地根据对自己是快乐还是痛苦的效用来决定道德上的善和恶，并把这一发现称作"功利原理"（我们称之为"功利原则"）。"功利原理是指这样的原理：它按照看来势必增大或减小利益有关者之幸福的倾向，亦即促进或妨碍此种幸福的倾向，来赞成或非难任何一项行动。"② 为了便于功利原则的推广，边沁还提出了对苦乐进行衡量的标准：感受苦乐的强或弱、感受苦乐的时间长或短、感受苦乐是否确实、感受苦乐是在现在还是在未来、苦乐的发动会不会给他人造成同样苦乐的机会以及发动的苦乐影响的成员有多少等。根据这几条标准，边沁认为每个人都应当只追求快乐，而且只追求最强烈、最切近、最广泛的快乐。就这个意义来说，边沁的功利原则可以称为最大幸福或者最大福利原则。功利原则在追求个人最大幸福的同时，也追求让更多的人获得幸福，这就是功利主义的最大多数人的最大幸福原则。

（三）密尔的功利与权利相结合的正义观

约翰·密尔进一步阐述了功利与正义的关系，认为功利原则更符合正

---

① ［英］边沁：《道德与立法原理导论》，时殷弘译，商务印书馆2000年版，第174页。
② ［英］边沁：《道德与立法原理导论》，时殷弘译，商务印书馆2000年版，第58页。

义原则。密尔分析了已有的五种正义理念，即法律的正义、道德的正义、报应的正义、守信的正义和无私的正义，并且认为从这几种正义理念可以看出，构成正义的原初就是遵从法律、维护法律权利。密尔指出，虽然正义的概念越来越广泛，但却始终有一个一贯的内核，这就是"权利"。他采取与自然法相对立的功利主义的理论前提，通过把个人权利与社会的总体功利相联系得出结论：个人拥有一种权利，即社会应当捍卫个人所持有的东西。密尔反对自然权利说和社会契约说，认为只能遵循最大多数人的最大幸福的功利原则，并且认为追求幸福是个人权利的基础，应该用同情心来增进他人的幸福，进而实现最大多数人的最大幸福，这就是个人权利的合理运用。这样密尔就用权利这一概念把功利与正义结合起来了。

密尔认为，权利来自后天的某些经验事实，并不存在先天的、绝对的自然权利。人在社会生活中，需要拥有某些自己能够支配而他人又不得干涉的东西，这对他的生活来说至关重要，正如密尔所说，"一个人为他人的缘故而受严格的正义规则所约束，这有利于发展以他人利益为自己目标的情感和能力。但是，如果在并不影响他人利益的事情上，只因为他人不悦而受到束缚，那么，除了发展那种可能在抵抗束缚中展示的性格力量以外，就不能发展任何有价值的东西"①。对于每个人的生活而言，这些都是客观且必需的东西，也是权利的来源。就像权利来自经验的必然性事实一样，正义也来自同样的经验必然性事实。由人与人之间的完全责任义务所产生的个人的权利，内在地蕴含着必须被保护而不得被侵犯的必然要求，这就构成了正义的客观依据。正义是对权利的保护和对所有侵犯权利行为的禁止。

密尔不仅认可道德权利先于法律的存在，而且认同权利正义观，并把权利的保护与对权利侵害的防止当作正义的基本含义和依据。密尔认为，正义始终是与权利联系在一起的，"社会并不承认那些失意的竞争者免除此类痛苦的权利，无论是法律的还是道德的权利，而且，只有在所使用的获得成功的手段背离了普遍利益所容许的方法（即采取欺诈或背信、使用强力的手段）时，社会才感到有责任予以干涉"②。既然正义要求保护人的

---

① ［英］密尔：《论自由》，顾肃译，译林出版社 2010 年版，第 67 页。
② ［英］密尔：《论自由》，顾肃译，译林出版社 2010 年版，第 100 页。

权利，那么权利的实质内容就显得至关重要。权利实际上是与人的安全密切相关的，正义对权利的保护就是对人的安全的保护，其中人的生命权、自由权、财产权和平等权是需要被保护的最重要的部分。安全关乎人的切身利益，在严重缺乏自身安全的情况下，人就可能陷入霍布斯所描述的那种极端悲惨的混乱生活中："人们不断处于暴力死亡的恐惧和危险中，人的生活孤独、贫困、卑污、残忍而短寿。"① 可见，安全是每个人都最需要的东西，也是人获取所有其他利益和善的前提和基础，没有对人的安全权利的保护，人就什么利益也不可能得到。对人来说最重要的自由权利和平等权利，密尔也给予了详尽的论述，并且认为正义既然是对自由权利的保护，就意味着正义必须禁止人们任意干涉彼此的自由行为。

密尔指出，对自由的侵犯和干涉只能发生在两种情况下，即独揽大权的暴君对人的自由权利的侵害和大多数人对少数人的自由权利的侵害，其余情况下都不应对人的自由权利进行干涉。同时，社会所能合法地适用于个人的强制只能是禁止对他人的侵害，任何以其他借口来干涉个人自由的行为都是不正义的。个人的行为只要不对他人构成侵害，就应由他自己来做主，而这理所当然地应属于受保护的个人自由权利的范围。关于人的平等权利，密尔则认为，每个人的幸福都具有平等的价值，当然也就具有同等的重要性，没有谁的幸福就应该比他人的幸福更重要。人应该被当作同等重要的目的来对待，这是人的平等权利的根据所在。

密尔认为，正义之所以构成整个道德的主要部分，而且是整个道德中最为神圣和最具约束力的部分，根本原因在于同权利相关联的正义规则与人类的福祉密切相关，对人类社会的发展更是利害攸关。正因如此，相较于其他道德规则，正义规则处于较高的社会功利等级，也具有更强的约束力。

二、空想社会主义的正义观

19世纪初，欧洲刮起了社会主义思潮的旋风，18世纪启蒙运动所主张的理性已经完全沦为资本主义建立并维系统治的工具，而资本主义制度

---

① ［英］霍布斯：《利维坦》，黎思复、黎廷弼译，商务印书馆1985年版，第95页。

的建构也已从最初的富于革命性的构想变为具象化的阶级矛盾的形态。资产阶级的统治迅速而又牢固地确立后，随着资本主义经济的快速扩张，生产力与生产关系之间的矛盾日益凸显，社会也逐渐分化为资产阶级和无产阶级两大对立的阶级，而且阶级之间的矛盾难以调和，无产阶级深陷于新经济形态的痛苦之中。在时代的感召下，圣西门、傅立叶、欧文等作为当时空想社会主义的主要代表，分别从思想和行动上对社会主义进行了美好畅想。

　　19世纪的空想社会主义思潮建立在启蒙思想的基础上，以人的理性为核心。按照启蒙思想的原则，一切社会存在都必须是合乎理性的，社会制度如果不符合理性的存在，就应该被批判，就应该进行变革。启蒙运动借助这一原则实现了对封建制度的批判，但是建立在启蒙理性基础之上的资本主义制度，却没有实现启蒙运动的这一理想，事实上正是生活在现实世界中的活生生的自利的个人，造成了世界的非理性存在。法国社会主义者正是根据这一点，认为资产阶级共和国并不是理性的社会，必须沿着启蒙思想的逻辑线索并通过对现实存在的批判来实现真正的理性，揭示未来社会的存在样式。于是，思想家们为了建立"人人平等，个个幸福"的新社会进行了诸多"天才式"的设想，欧文甚至为了证明这样的社会的可能性存在，曾倾全力进行了新和谐移民区实验，但最终却以失败收场。这一切都表明，围绕劳动组织和分配形式，在头脑中或者通过实验建构起一种公平与正义的新型社会制度，只能是无产阶级的力量处于薄弱时期的一种良好愿景，最后也只能是破产。

　　空想社会主义者力图通过发现一种全新的社会形式来消灭社会的不正义。在德国思想家看来，法国空想社会主义者所谓的正义并没有达到对社会本质的揭示，因为这种建立在经验认识的基础上的理性规律，并没有超越知性的范围。费尔巴哈从人本学出发的哲学、宗教批判，经过赫斯的中介，将法国空想社会主义同德国古典哲学联系了起来，继而又在马克思那里创立了科学社会主义。为了实现德国哲学同法国社会主义思想的结合，赫斯是从法国哲学同德国哲学的互通性改造为切入点的。赫斯以青年黑格尔派的波兰哲学家切什考夫斯基的行动哲学为中介，对笛卡儿的哲学进行了德国式改造。赫斯认为，笛卡儿所说的"我思故我在"，只有前半句是

71

真的，即不能说"我思故我在"，而只能说"我思"，因为一切在于行动而不是存在，如果把生命的本质变成纯粹的思维，柏拉图理念的世界、黑格尔的绝对精神就必然会出现。在这里，赫斯是在对笛卡儿的哲学进行青年黑格尔式的改造，而其理论的出发点就是切什考夫斯基的行动哲学，强调的是生命活动的意义。那么，生命的自由活动的规定又是什么呢？赫斯认为，社会自由和理智自由的中心是伦理学，是至善，而自由的本质就是康德的实践理性，这才是社会主义的基础。

法国社会主义思想之所以存在一定的问题，原因就在于缺乏深刻的哲学前提，特别是德国哲学的根基。同样的原因导致法国空想社会主义在德国也遭到了同样的失败。值得强调的是，社会主义只有达到伦理阶段才具有哲学意义，而要达到这个阶段就必须以人道主义作为理论核心。"19世纪法国社会主义思想是建立在启蒙思想基础上的，它以人的理性为核心内容。按照启蒙思想的原则，一切社会存在都必须是合乎理性的，国家、法律制度等如果不是符合理性的存在，就应该被批判、被抛弃，启蒙运动正是借助于这个原则实现了对封建社会的批判。但是建立在启蒙理性基础上的资本主义社会，并没有实现启蒙运动的最高理想，现实的社会生活中个人活动的私利性，造成了世界的非理性存在。"①

空想社会主义之所以只能停留在乌托邦层面，最深刻的原因就是抛却了对现实的经济关系的深刻考察，而只停留在对人性的伦理层面的观瞻，是无论如何也摆脱不了空想的命运的。马克思创立的科学社会主义在沿着费尔巴哈人本主义的理论逻辑不断拓展对资本主义的批判的同时，也找到了一个从现实出发的科学批判的逻辑，并基于此对伦理社会主义进行了深刻的批判，由此实践成为马克思哲学的逻辑起点。实践概念在古希腊哲学中就已出现，在亚里士多德的哲学中，实践指的是伦理实践，青年马克思也曾在康德实践理性的立场上使用过实践概念，但在完成哲学革命后，马克思的实践概念就不是抽象的本体了，而是具体的社会历史情境中的感性活动，由此实践也成为马克思正义观的逻辑基点。

---

① 孙伯鍨、张一兵：《走进马克思》，江苏人民出版社2007版，第99页。

第三章　马克思正义观的发展过程

马克思的正义观主要体现在对资本主义社会的不正义的无情批判和对未来社会的科学预设上。马克思认为，正义是在特定语境下的历史生成性的概念。正义是一个历史范畴，在历史发展过程中不断地生成。正义具有历史性、具体性、相对性特征，没有资本主义话语体系所言的永恒的正义。正义是应然性与实然性的统一。要对社会正义问题进行分析，就必须从现实的人及其现实的关系出发，而不能从想象的、抽象的、孤立的个体出发。在人的实践活动中，正义的追求变为行动，外化为改造社会现实的物质力量。

在西方哲学史上，关于正义问题的研究多集中在思辨层面。比如，亚里士多德就认为"正义包涵着的并不是平等而是正当的比例，它仅只在某些时候才是平等"①。中世纪经院哲学家阿奎那则从神学自然法的角度指出，《圣经》是衡量正义或非正义的最高标准，上帝是正义和非正义的最终评判者，可见他持有的是一种思辨的神学正义观。近代英国哲学家洛克的正义思想是在其自然状态说和社会契约论的框架下形成的，强调个人自由权利的不可侵犯性。法国哲学家卢梭认为，正义在人类理性的指导下，影响着人类的正义感和社会的法律。德国古典哲学家康德和黑格尔也在道德律、理性的基础上对正义问题做了进一步论证。马克思的正义观在实践的视域下，确立了全新的而且事实上真正符合人类发展和切身利益的正义维度，这就意味着它同马克思的全部哲学一样，具有革命性的理论视野和突破性的思维方式。马克思认为，在历史生成的过程中，社会发展的最根本的动力就是人类的生产劳动，建立在生产之上的整个社会的生产方式是一定的社会结构得以建立的深层基础，社会的经济基础的性质和变革必然决定社会的上层建筑的结构。正义理念作为社会政治法律制度设置的形上维度，也必然随着社会经济基础的发展变化而发展变化。"历史的每一阶段都遇到有一定的物质结果、一定数量的生产力总和，人和自然以及人与人之间在历史上形成的关系，都遇到有前一代传给后一代的大量生产力、资金和环境。"② 马克思的正义观是建基于现实的社会物质生产的历史条件

---

① ［英］罗素：《西方哲学史》（上卷），何兆武、李约瑟译，商务印书馆 1976 年版，第 227 页。

② 《马克思恩格斯全集》（第三卷），人民出版社 1960 年版，第 43 页。

上的，因此从根本上动摇了"永恒正义"的理论基础，开启了全新的关于正义问题的理解路径。

马克思的正义观站在广大无产阶级和人民大众的立场上，吸取人类文明的优秀成果，继承并发展了人类思想史上的正义理论的积极的合理因素。马克思尖锐地批判资产阶级不断强调的关于平等、权利、正义的"神话"，并不是要否定平等、权利、正义本身，而是因为资产阶级赋予平等、权利、正义的意义已全然扭曲，资产阶级的虚伪和局限性必须予以揭露。正如马克思在批判宗教对人的精神的束缚时所论述的那样，"这种批判撕碎锁链上那些虚构的花朵，不是要人依旧戴上没有幻想没有慰藉的锁链，而是要人扔掉它，采摘新鲜的花朵"[1]。"所有这些对正义和仁爱的让步，事实上只是一种手段，可以使资本加速积聚在少数人手中并且压垮那些没有这种额外收入就活不下去的小竞争者。"[2] 可见，在资产阶级的话语体系内，无产阶级的利益是完全不被考虑的，这正是无产阶级受压迫的现实表现。

马克思的正义观有一个逐步发展的过程，与他的全部哲学的发展脉络大致重合。马克思哲学的发展可以分为四个时期，"即孕育时期、确立时期、扩展时期和升华时期"[3]。相应地，马克思的正义观也可以分为三个时期，即生成时期、确立时期、成熟时期，其中成熟时期正是马克思正义观的扩展和升华时期。

第一节　马克思正义观的生成时期

从写作博士论文《德谟克利特的自然哲学和伊壁鸠鲁的自然哲学的差别》到主编《德法年鉴》时期，是马克思一系列思想的重要萌发时期。在这一时期，马克思吸收了德国古典哲学的理性传统，同时又在青年黑格尔派中以其独立自主的思想展现了特别的立场，继而走上了理论的舞台。马

---

① 《马克思恩格斯选集》（第一卷），人民出版社 1995 年版，第 2 页。
② 《马克思恩格斯选集》（第四卷），人民出版社 1995 年版，第 421 页。
③ 张奎良：《马克思的哲学思想及其当代意义》，黑龙江教育出版社 2001 年版，第 2 页。

克思高扬自我意识及自由理性的旗帜，尤其是在认清了现实贫苦大众的悲惨状况后，站在正义立场上对劳动者的遭遇给予了深切的同情。马克思认为，人的自我意识能够反对现存的和非理性的实际，进而成为适应人类需要的理性的东西。进步意识的最高任务正在于能动地作用于落后的、非理性的现实，以便使它摆脱作为非理性的，即宗教的和反动政治意识的表现与实现，并提高到进步意识的高度。这一时期，马克思继承了青年黑格尔派的论战特点，并在对资本主义的正义进行批判的过程中从最初的宗教批判转向了现实的政治批判，表现出因现实生活的不正义而带来的理论困惑。

一、发表博士论文时期：确立的人的自由的自我意识

正义的主体是人，而人是自我意识和理性的存在。在博士论文发表前后，马克思对人以及人的"自我意识"高度肯定，并赋予它神圣的地位。在博士论文中，马克思谈道："似乎伊壁鸠鲁承认原子的偏斜有时是为了说明排斥，有时是为了说明自由。但是如果原子没有偏斜就不会互相碰撞，那么用偏斜来说明自由就是多余的，因为正如我们在卢克莱修那里所看到的那样，只有在原子被决定和被迫互相碰撞之时，才开始有自由的反面。如果原子没有偏斜就互相碰撞，那么用偏斜来说明排斥就是多余的。"[1] 马克思分析了部分与总体以及必然性与偶然性之间的关系，由此人的自由维度得以彰显。马克思以其无神论立场清晰地表明了哲学与宗教的对立：哲学求索的是人的崇高的理性，而宗教却总是将一切归于迷信及某种不可解释而只能领悟的神秘力量；哲学的超越性要求人不断地去探求时代精神的精华，引导人接近真理并用理性的眼光看待世界，而宗教的神秘性和工具性则不断要求人服从现有秩序、虔诚地信仰上帝，并将人的解放寄托于来世。马克思通过博士论文正式向宗教宣战，坚决反对一切关于上帝存在的论证，并借由对宗教的彻底批判实现了对封建统治的批判。反对任何天上的神灵是为了否定尘世神灵，这是马克思向普鲁士的封建统治宣战的武器。

---

[1] 《马克思恩格斯全集》（第四十卷），人民出版社 1982 年版，第 211 页。

在这一时期，马克思的正义理念和理想还深受以往哲学的影响。在进行理论研究的初期，他在已经建立起来的康德和黑格尔的庞大的、完备的哲学体系中试图抛却绝对理性的禁锢，重新发掘人的权利本身，确证人的自由的至上性。为人的权利立法到底应该按照自然原则还是现实原则，是青年马克思面对的问题。他在博士论文《德谟克利特的自然哲学和伊壁鸠鲁的自然哲学的差别》中通过批判德谟克利特的机械决定论、宿命论的理性主义自然观，肯定伊壁鸠鲁推崇的人的意志自由，确立了人的感性存在的思想，打破了以前学界对于伊壁鸠鲁哲学的错误认识。马克思认为，伊壁鸠鲁是自由思想的启蒙者，开拓了感性自由的新领域，确立了感性的重要地位，而且伊壁鸠鲁关于原子自由偏斜运动的论断，也充分展现了人的自由意志。因为在马克思看来，"这种'力量'，这种'偏斜'，就是原子的反抗、顽强，就是它'胸中的某种东西'；这种力量表明的对世界的态度并不是分裂的、机械的世界对单个人的态度"①。伊壁鸠鲁把他关于意志自由、个性及个体的独立性的学说建立在了上述论断的基础之上，而他的原子偏斜说则是揭示了个体意识受历史时代条件限制的标志。然而，马克思指出，"原子只不过是一般被想象的存在着的东西，而只有与具体的东西相冲突时，才显出它们那种被想象的、因而陷入矛盾的观念性"②。而在伊壁鸠鲁那里，个体意识在面对周围世界时是无能为力的，只能维护它的自由，即脱离既有的世界秩序，逃避现实社会，并在自身内部为了自身的完满而寻找内在的绝对精神的自由。

伊壁鸠鲁的自由观幻想不依赖任何外部必然性，只是消极地、否定地对待周围环境，或者不同周围环境发生关系。马克思坚决地否定了这种自我意识哲学的抽象的、形而上学的自由观，批判它只知道"脱离定在的自由，而不是在定在中的自由。它不能在定在之光中发亮"③。马克思对这种精神自由所做的批判，决不仅仅是针对伊壁鸠鲁哲学本身，从实质上来看，针对的还是青年黑格尔派的批判哲学。马克思认为，黑格尔哲学体系本身也仅仅是暂时的、历史的存在，尽管黑格尔自己曾经声称这种存在就

① 《马克思恩格斯全集》（第四十卷），人民出版社 1982 年版，第 122 页。
② 《马克思恩格斯全集》（第四十卷），人民出版社 1982 年版，第 40 页。
③ 《马克思恩格斯全集》（第四十卷），人民出版社 1982 年版，第 228 页。

是哲学的存在。马克思运用关于自我意识与周围环境、主观与客观的关系的彻底的辩证法观点，试图把辩证法从黑格尔哲学体系的羁绊下、从黑格尔思辨的形而上学中解放出来，并提高到一个新的阶段。马克思认为，哲学的最高任务不是解释世界，而是改变世界。马克思在博士论文中把辩证法当作斗争的武器，站在无神论的立场上，反对一切天上的和地下的神灵，反对任何专制主义及任何人对人的压迫。所有这一切都表明了马克思超越青年黑格尔派的倾向，展现出了青年马克思即将实现的哲学上与政治上的变革所遵循的新方向。

马克思在博士论文中所表达的正义观主要借由分析伊壁鸠鲁自然哲学中的自由平等理念而展开。他认为，原子的偏斜运动产生的要素间的相互排斥表明，为了在政治领域实现良好的秩序而订立契约，正是为了维护社会正义。在《关于伊壁鸠鲁哲学的笔记》中，马克思写道："正义不是一种独立存在的东西，而是在互相交往中，在任何地方为了不伤害和不受害而订立的契约。"① 在马克思看来，正义是人的自我意识的运用，也正是为了自身不受伤害，为了保证人的自我意识和自由理性不受侵犯，人们才相互订立契约。马克思在原则上坚持黑格尔关于思维与存在统一的观点，但也对黑格尔采取了批判的态度。在黑格尔看来，思维与存在是统一的，思维是在同存在打交道，但是最终思维是在同自身打交道，因为存在只是观念的他在，而作为这种他在的自然界、历史、感性经验和实践等，在黑格尔那里都是微不足道的。而马克思在博士论文中则认为，哲学必须积极地作用于现实，思想只有通过它对周围环境能动的活动并与周围环境相联系，才能继续发展，这也是马克思正义观的原始起点。同时，马克思也不同意伊壁鸠鲁将人的自我意识视为脱离定在的自由，视为在孤立的、封闭的精神层面的自由，而是要让正义"在定在之光中发亮"。

在博士论文中，马克思对待宗教的态度也体现了他对正义的基本认识。马克思维护了伊壁鸠鲁的无神论主张，把伊壁鸠鲁看作最伟大的古希腊启蒙思想家，认为伊壁鸠鲁哲学是关于自我意识的绝对自由不可动摇的哲学，其目的是把人类从对神灵的恐惧中解放出来。宗教是人类迷信的产

① 《马克思恩格斯全集》（第四十卷），人民出版社 1982 年版，第 34 页。

物，也是愚昧的产物，正所谓"因为思想不存在，所以神才存在"①。宗教不仅不是正义的化身，反而是对正义的重大亵渎。在宗教崇拜中，上帝为人类所做的一切，就是使人摆脱恐惧、忧伤。伊壁鸠鲁向宗教崇拜宣战，正是让人们摒弃一切宗教的和神话的训诫，因为这些训诫企图使人们相信他们需要上帝或者万物的创造者。马克思正是借由伊壁鸠鲁哲学才明确得出了人们的无知以及对神灵的恐惧是宗教的主要支柱，并且指出凡是在人开始按照哲学进行思考的地方，宗教与迷信就不再有活动的余地；只有那些人们摆脱了根源于恐惧与无知的宗教思想的地方，哲学的思想才能开始。

正义与不正义是相伴而生的矛盾体，要实现正义，仅靠价值追求是不够的，寄望于宗教崇拜也是不现实的，只有依靠人的不可动摇的自我意识，在人的现实的实践活动中，在人的尘世世界中才能获得解决。由此，马克思初步表达了对正义的看法，认为正义是调整现实生活中人与人之间的秩序的价值判断，是去除社会中那些显而易见的不公正现象的一种实践理性，是人的自由平等诉求的现实表达。

二、主持《莱茵报》时期：提倡理性的自由

发表博士论文时期，马克思主要通过分析伊壁鸠鲁哲学中的自我意识这一概念，思辨地表达了自己的正义理念。到了主持《莱茵报》时期，马克思投身于现实的政治斗争，为苦难的人民大众和人民大众的苦难而发声，对不正义的资本主义社会进行了无情的批判。1842 年至 1843 年，马克思为《莱茵报》的撰稿人和主编，他通过深入参与社会生活在哲学、宗教史和艺术史、法学等领域展开了研究。在此期间，马克思把哲学作为时代精神的精华，并认为作为在场的哲学要和时代的现实世界接触并相互作用。同时，他把哲学作为理论的、方法的武器，对自己所论及的经济的、政治的、法律的、社会的问题的分析过程进行了检验和确证。正是因为马克思把哲学同关涉人民大众利益的斗争密切结合起来，使理论与具体实际

---

① 《马克思恩格斯全集》（第四十卷），人民出版社 1982 年版，第 285 页。

相结合并根据现实条件加以阐明和发展，才促进了他的哲学的唯物主义转向。也是从这一时期开始，马克思在许多重要问题上超越了费尔巴哈。马克思认为哲学应该关注现实存在，而费尔巴哈则从来没能从社会的、政治的意义上去运用哲学。费尔巴哈如同隐居一样仍停留在宗教批判中，而马克思则已前进到了现实的批判政治与社会制度中。

这一时期在报社的编辑工作经历，使得马克思直接接触到了社会现实，深刻了解了底层民众的悲惨生活遭遇，认识到了他所持有的正义理念与社会现实之间存在着极大的冲突，尤其认识到了普鲁士的法律及普鲁士国家所代表的并不是全体国民的利益。对此，马克思曾经指出："国家除一切私人的诉讼权、即民事诉讼所赋予的申辩权而外，不能承认其他任何权利。如果这样一来你们因犯人无支付能力而不能获得补偿，那只能说，取得补偿的任何合法方法都没有了。世界不会因此越轨，国家也不会离开阳光照耀的正义大道。"① 马克思对普鲁士国家进行了辛辣的讽刺，揭露和批判它总是代表那些社会上的特殊阶级和少数群体的特殊利益，而且法和国家的最终目的也不是人民大众而是阶级自身的私人利益。这成为之后马克思正义观转向的条件。对于马克思来说，从哲学的唯心主义过渡到哲学的唯物主义，是一个复杂的、充满矛盾的、相当缓慢的和包含着激烈思想斗争的过程。其实，在马克思积极地参与政治斗争并坚决地实践他的革命民主主义时，这种转向便已发生了。客观地说，马克思所积极参与的政治斗争是和黑格尔哲学相对立的。黑格尔哲学把自身看作世界的"本质"，它从自身出发，即从自己的力量和理性出发，并不同现实的物质世界发生直接关系，同时又意图通过抽象的绝对的理性要求、哲学的自我意识的要求和纯粹理论的批判来实现对世界"自上而下"的改变。可以说，黑格尔哲学是"以头立地"的哲学。马克思在参与人民大众为争取自身利益而进行的政治斗争中逐渐意识到了这种对立，并把他所参与的这场政治斗争同反对黑格尔哲学的斗争紧密结合了起来。由此，马克思扬弃了黑格尔的思辨哲学，转向了具体的、与生活和政治密切联系的哲学。这一转向有一个非常复杂的过程，马克思的唯物主义倾向在他日益增多的实践经验中得到了强化，并且随着充分认识黑格尔哲学同社会现实之间的不可调和的矛

① 《马克思恩格斯全集》(第一卷)，人民出版社 1956 年版，第 174 页。

盾，而彻底地转向了对黑格尔哲学进行批判。

马克思在论述第六届莱茵省议会关于出版自由的辩论的第一篇文章里，表达了他对人民大众遭遇的同情和对统治阶级特权的愤懑，从而体现出了鲜明的正义倾向。马克思在分析他所论述的对象，无论是莱茵省议会关于出版自由、林木盗窃法草案的辩论，还是摩塞尔河沿岸地区农民的贫困问题，或者哲学共产主义问题时，都不像以往的哲学家那样从一般的、抽象的概念与范畴出发，而是从生活中的现实情况，即事物的本来面目出发。在对政治的和社会的现实状况的批判中，马克思把哲学问题同当时的政治和社会问题密切结合起来，以生活事实和人民的利益来确定方向和内容，从而使他的全部哲学批判和政治评论活动都获得了现实的、具体的意义。对于来自工商业等级和农民等级的出版自由的辩护者，马克思特别赞同农民等级代表的意见，他们在反对贵族和自由主义者的代表时发表声明称："如果国家像古代雅典那样把寄生虫和阿谀逢迎之徒看做违背人民理性的例外和痴呆，这样的国家就是独立自主的国家。如果人民像美好的旧时代的各国人民那样只让宫廷丑角享有思考和述说真理的权利，这样的人民就只能是依赖他人、不能独立的人民。"①

当时第六届莱茵省议会进行了关于林木盗窃法草案的辩论，这一法律草案把贫苦农民捡拾枯枝说成是盗窃林木占有者的财物。马克思评述认为，这一法律草案是大森林农场主的特殊立场的体现，反映了他们的自私自利的物质利益立场。马克思对这种自私自利的、违反一切理性发展的立法行为进行了坚决的批判，并认为应"使法律成为人民意志的自觉表现，也就是说，它应该同人民的意志一起产生并由人民的意志所创立"②。任何违背人民意志、违反人民根本利益的法律都是不合法的。通过对林木盗窃法草案辩论的分析，马克思认识到普鲁士这个所谓的由道德的人自由联合的国家，这个所谓的在法律上、伦理上、政治上都能实现自由的国家，本应是人民利益的主张者，结果却沦为维护林木占有者利益的工具。为此，马克思抨击道："把林木占有者的奴仆变为国家权威的代表的这种逻辑，使国家权威变成林木占有者的奴仆。整个国家制度和各种行政机构的作用

---

① 《马克思恩格斯全集》（第一卷），人民出版社 1956 年版，第 41 页。
② 《马克思恩格斯全集》（第一卷），人民出版社 1956 年版，第 184 页。

都应该脱离常规，都应该沦为林木占有者的工具；林木占有者的利益应该成为左右整个机构的灵魂。一切国家机关都应成为林木占有者的耳、目、手、足，为林木占有者的利益探听、窥视、估价、守护、逮捕和奔波。"①马克思辛辣地批判了以林木占有者为代表的贵族阶级的丑恶嘴脸，坚定地站在人民的立场上，捍卫人民的核心利益，反对特权阶级的专横统治。

马克思在《莱茵报》上发表的《摩塞尔记者的辩护》一文，以"正义之剑"维护了摩塞尔河沿岸地区贫苦农民的利益，尖锐地抨击了普鲁士不合理的社会政治制度。他认为，在普鲁士不平等的社会里，法律不是决定社会制度的基础，而是社会制度的现实表现。

总之，主持《莱茵报》时期的马克思在许多重要问题上已经超越了费尔巴哈，开始从宗教批判转向政治批判。在这一时期，马克思深刻认识到了个人利益在国家和法的面前所表现出来的不可抗拒性。因为在现实社会中，法处处体现着富人的自私意志，处处维护着富人的特殊利益，而普鲁士国家也表现为全部富人的统治工具，并未体现出其所标榜的"国家理性和国家伦理"。可以说，处处充斥着不公的秩序和处处维护着富人统治的法律，给马克思造成了巨大的思想冲击，也促使马克思在理论和现实维度进行了双重反思。

三、主持《德法年鉴》时期：从政治解放到人类解放

马克思主持《德法年鉴》时期是辩证唯物主义和历史唯物主义的初创阶段，其间无产阶级的世界历史作用也得到了宣告。在这一时期，马克思发表了《论犹太人问题》和《〈黑格尔法哲学批判〉导言》两篇论文，对自由主义的理性正义观进行了具体的批判。

可以说，这两篇文章在一定程度上展示了马克思的思想进路。在《论犹太人问题》中，马克思深刻地关注了人类解放问题，但是还没有找到能够实现人类解放的社会力量；在《〈黑格尔法哲学批判〉导言》中，马克思从他当时的政治经验出发，从历史与哲学的角度一般地研究了资本主义社会和具体地研究了德国资产阶级革命，进而在所得出的结论的基础上阐

---

① 《马克思恩格斯全集》（第一卷），人民出版社 1956 年版，第 160 页。

述了无产阶级世界历史使命的思想，这是马克思转向无产阶级哲学道路具有决定性意义的一步。也是在这一时期，马克思开始拒斥理论思辨，回到现实，并开启了对自由主义正义观的批判。

马克思对自由主义正义观的批判建立在对应得的资源、私有财产和权力的批判基础之上，实现了对经验哲学和思辨哲学的超越，并由此转向了历史唯物主义。在《论犹太人问题》中，马克思批判了布鲁诺·鲍威尔的《犹太人问题》和《现代犹太人和基督徒获得自由的能力》两部著作。鲍威尔认为，犹太人的解放只能从宗教中去寻求，并把犹太人的解放与国家从宗教中的解放等同起来，这实际上是提出了国家同教会分离的资产阶级民主主义诉求。对此，马克思批判认为，宗教不是产生对人的各种社会压迫的原因，只是各种社会压迫的结果和反映，而社会压迫恰恰是产生社会不正义的来源，从而明确指出"宗教只是虚幻的太阳，当人没有围绕自身转动的时候，它总是围绕着人转动"[1]。需要指出的是，马克思的批判是从费尔巴哈哲学出发的，费尔巴哈的宗教批判沿袭了黑格尔的异化概念，把宗教还原为人的关系。但是，马克思又超越了费尔巴哈，他运用异化概念分析了人的政治关系，进而又触及了人的社会关系，并试图以这种方式从社会内部的不可调和的矛盾来解释宗教的秘密。

在《论犹太人问题》中，马克思还提出了人类解放的问题。按照鲍威尔的观点，随着政治革命的完成人类解放便会实现，而犹太人的解放也会随之实现。马克思对此进行了批判，指出在不改变资本主义社会本质的前提下所实现的政治解放的人权，"无非是市民社会的成员的权利，即脱离了人的本质和共同体的利己主义的人的权利"[2]。马克思在批判这种脱离了社会现实的抽象的个体自由和人权的同时，也认为政治解放是不能根本解决当时普鲁士存在的现实问题的。关于这个问题，恩格斯也曾明确指出："资产阶级认为没有财产的人们的正义要求只不过是死不知足，是对'上帝和人们安排好的秩序'的疯狂的反抗，至多也只是'以鼓动为生的、懒惰得不愿意工作的、恶意的煽动家'的成功，这是必须用一切手段镇压下

---

① 《马克思恩格斯选集》（第一卷），人民出版社 1995 年版，第 2 页。
② 《马克思恩格斯全集》（第一卷），人民出版社 1956 年版，第 437 页。

去的。"① 也就是说，由于政治制度背后的经济社会现实存在，社会压迫也继续存在于社会中，要彻底实现人的自由和解放的条件，就必须是消灭产生宗教的既定的社会关系。即便如此，马克思也认为，虽然资产阶级革命不能使人获得解放，"但在迄今为止的世界制度的范围内，它是人类解放的最后形式"②。可见，政治解放是人类解放的必要前提，而人类解放是政治解放的必然要求。那么，怎样才能实现人类解放呢？马克思论述道："只有当现实的个人同时也是抽象的公民，并且作为个人，在自己的经验生活、自己的个人劳动、自己的个人关系中间，成为类存在物的时候，只有当人认识到自己的'原有力量'并把这种力量组织成为社会力量因而不再把社会力量当做政治力量跟自己分开的时候，只有到了那个时候，人类解放才能完成。"③ 也就是说，要实现人类解放，就必须消灭私有制，彻底消除资本主义社会中宗教和政治关系上的异化。换言之，"任何一种解放都是把人的世界和人的关系还给人自己。"④ 可见，人成了马克思哲学关注的中心，而马克思也用全新的理论和方法为人民大众摆脱剥削和压迫的斗争指明了方向。

马克思由对宗教的批判深入到了对政治的批判，即对国家和法的批判，乃至对当时的意识形态问题的批判。马克思把宗教批判看作进行任何批判的前提，因为宗教同统治阶级是密切相关的。但是，他把宗教批判也仅仅是看作前提，因为宗教表现为政治的奴仆，所以对宗教的批判必然会转为对政治的批判。马克思通过追溯宗教的社会基础，巩固了费尔巴哈的宗教批判的地位。但是，马克思超越了费尔巴哈关于人的学说，因为马克思不再把人理解为抽象的蛰居在世界之外的存在物。更为确切地说，马克思是从人的社会联系和政治联系层面去理解人的。

在这一时期，马克思是推崇人的自由和基本权利的，但是后来马克思发现，在现实的普鲁士国家中人的自由和基本权利却被统治阶级无情地践踏了，以致在政治解放中谈人的自由和基本权利是毫无用处的。马克思以

---

① 《马克思恩格斯全集》（第二卷），人民出版社 1957 年版，第 548 页。
② 《马克思恩格斯全集》（第一卷），人民出版社 1956 年版，第 429 页。
③ 《马克思恩格斯全集》（第一卷），人民出版社 1956 年版，第 443 页。
④ 《马克思恩格斯全集》（第一卷），人民出版社 1956 年版，第 443 页。

前的正义观主要强调一种应得正义,而他评判应得与否的依据也经历了从德性到权利,再到劳动的转变,最终论证了阶级统治制度的正义性。应得正义强调给每个人以应得的权利、资源和私有财产,但实际上在当时的普鲁士却只是给平等者以平等,而给不平等者以不平等。应得正义作为一种道德层面的尺度,意味着决定分配的前提条件必须是正义的。每个人都应当得到与他人同样的自由、权利和机会,而正义正是在实质层面上探索个体资源的获得和私有财产的合法占有,并具体为对个体权利的保证和肯定的。于是马克思逐渐认识到,只对自由主义权利和私有财产进行批判是不能解决问题的,因为自由主义的应得只是作为一种特权而存在,所以对这种特权的批判也就只能是表面的批判,难以触及其内在原因和产生机制。

在《〈黑格尔法哲学批判〉导言》中,马克思指明了物质力量在历史进程中的决定性意义,强调了革命理论的重要性,并回答了关于承担人类解放的社会力量的具体问题。至此,马克思开始从唯物主义的立场阐明历史进程中客观因素与主观因素的辩证法,同时明确提出了哲学的党性概念以及关于无产阶级革命的思想、关于无产阶级的历史使命问题。在这一时期,马克思与法国的社会主义者和正义者同盟的领袖们进行了密切的联系。通过与无产阶级的接触,马克思的人道主义的倾向获得了新的和具体的社会内容,并深刻地指出无产阶级在未来的革命中将起到至关重要的作用。尤其是在对 1844 年西里西亚纺织工人起义事件的分析中,马克思认为,现实的政治革命是无产阶级社会解放的前提,而"推翻现政权和破坏旧关系"①,只有通过政治革命才能成功。因为自由主义所说的"人权"恰恰是自私自利的资产阶级的特权,资本主义国家正是维护这种特权的手段。

通过对自由主义正义观从认识到决裂的分析,马克思实现了从观念批判到制度批判的进展,这为后来马克思到生产关系中去探讨正义问题奠定了基础,也赋予了正义的实践品质。马克思指出,理论的批判要发展为革命实践的行动,这是不可避免的,也是必要的。"批判的武器当然不能代替武器的批判,物质力量只能用物质力量来摧毁;但是理论一经掌握群众,也会变成物质力量。理论只要说服人,就能掌握群众;而理论只要彻

---

① 《马克思恩格斯全集》(第一卷),人民出版社 1956 年版,第 488 页。

底，就能说服人。所谓彻底，就是抓住事物的根本。但是，人的根本就是人本身。"① 至此，马克思找到了实现人类解放的可能性，即 "就在于形成一个被戴上彻底的锁链的阶级，一个并非市民社会阶级的市民社会阶级，形成一个表明一切等级解体的等级，形成一个由于自己遭受普遍苦难而具有普遍性质的领域，这个领域不要求享有任何特殊的权利，因为威胁着这个领域的不是特殊的不公正，而是一般的不公正，它不能再求助于历史的权利，而只能求助于人的权利"②。这个阶级由于其天然属性必然是无产阶级，而无产阶级的解放同人类的解放是一致的。这样马克思就找到了承担人类解放的社会力量，并且指出 "无产阶级宣告迄今为止的世界制度的解体，只不过是揭示自己本身的存在的秘密，因为它就是这个世界制度的实际解体。无产阶级要求否定私有财产，只不过是把社会已经提升为无产阶级的原则的东西，把未经无产阶级的协助就已作为社会的否定结果而体现在它身上的东西提升为社会的原则"③。

马克思认为，哲学应把无产阶级当作自己的物质武器，而无产阶级则应把哲学当作实现自身解放的精神武器。正如他所说，"这个解放的头脑是哲学，它的心脏是无产阶级。哲学不消灭无产阶级，就不能成为现实；无产阶级不把哲学变成现实，就不可能消灭自己"④。换言之，哲学只有同无产阶级相结合，才能从理论上论证和指导无产阶级的实际的解放斗争。这样马克思就在整个人类的哲学思想的发展史上开创了一个新阶段。这一新阶段的成果，就是创立了科学的、适应无产阶级世界历史使命需要的哲学和世界观。

至此，马克思正义观的主体力量就被发掘出来了，它完全有别于原有的思辨正义观。马克思自从把思路从政治解放推进到人类解放，无产阶级所担负的世界历史使命就得以明确，而作为具有变革意义的正义思想，也由此发生了根本的转向。

---

① 《马克思恩格斯选集》（第一卷），人民出版社 1995 年版，第 9 页。
② 《马克思恩格斯选集》（第一卷），人民出版社 1995 年版，第 14—15 页。
③ 《马克思恩格斯选集》（第一卷），人民出版社 1995 年版，第 15 页。
④ 《马克思恩格斯选集》（第一卷），人民出版社 1995 年版，第 16 页。

第二节　马克思正义观的确立时期

马克思在认识到人类解放的要求之后，自然从原来在政治层面的探讨转向了在经济层面的研究，主要研究经济活动中人与人之间的关系。马克思认为，在资本主义私有制条件下，人与人之间普遍处于异化的关系中。同时，正是因为私有财产同异化劳动之间是互为因果、持续强化的，才产生了人与人之间的异化问题。而这恰恰说明了自由主义所标榜的正义的非正义性。如此一来，问题的根源就清晰地指向了私有财产这一异化劳动的结果上。可见，只有"解剖"以私有制为基础的资本主义社会，才能对共产主义做出新的论断。转向研究经济现实后，马克思立即发现，经济学中的劳动、资本、生产等概念是人们现实活动的抽象，是人们具体的实践活动的现实表达，即"现实的一切都是人的实践活动的产物，所谓人性和人的本质也是人在自己的实践活动中铸造出来的"①。所谓异化，就是人的实践本质的丧失，因此只有消除异化，才能实现人的本质的真正复归。

一、撰写《1844 年经济学哲学手稿》时期：消除异化、指向共产主义

近代自由主义者认为私有财产权是人与生俱来的基本权利，并宣扬"没有私有财产就没有正义"，从而把正义原则同私有财产的保护等同起来。在马克思看来，没有私有财产就没有正义这一命题只是历史的产物，而非永恒的准则，因为私有财产是异化劳动的产物，随着异化劳动的扬弃，私有财产也必将扬弃。马克思主张消灭的是私有制，而非私有财产，私有财产不可被消灭，只有消灭私有财产所产生的私有制，人类才能彻底摆脱异化的状态，才能真正走向自由全面的发展。马克思认为，共产主义是人类社会发展形态中克服了劳动异化和人的异化、扬弃了私有财产的社

---

① 张奎良：《马克思的哲学思想及其当代意义》，黑龙江教育出版社 2001 年版，第 4 页。

会形态，这也意味着共产主义社会是正义已经实现的社会，同时也是消灭了正义的社会，即不再需要正义诉求的社会。

《1844年经济学哲学手稿》（以下简称《手稿》）清晰地反映了马克思思想转变的复杂性、多层次性，这主要体现在马克思从费尔巴哈的唯物主义转向辩证唯物主义和历史唯物主义，从批判地理解资产阶级的国民经济学转向工人阶级的科学的经济学，以及对哲学共产主义所做的科学论证上。在《手稿》中，马克思从资本主义社会的表面现象入手，试图由此深入探索资本主义生产关系的本质。马克思批判了当时欧洲的共产主义思潮，认为部分共产主义者所谈的分配正义仅仅是资本主义社会分配关系的延续，并没有展现出一个新的社会的样貌，而只是资本主义既有秩序的普遍化，他们的"粗陋的和毫无思想的共产主义"① 就是"一种粗糙的、尚欠修琢的、纯粹出于本能的共产主义"②。因为在他们那里，私人财产被看成是作为资本的劳动的客体化，而没有认识到人的劳动的主体性本质。然而，从私有财产的本质属性和人作为社会存在的异化来看，主体性与客体性这一对关系，在马克思的后期著作中被用于对政治和经济范畴的客体化的批判。也就是说，私有财产这一被盲目崇拜为促进经济发展的普遍法则、自然法则和人性法则的客体化概念，被马克思从经济学角度进行了深刻的批判。需要指出的是，马克思虽然关注和研究了分配问题，但是社会财富的再分配在马克思的理论中并不占据中心位置，马克思的正义观也绝非单纯的分配正义观。

在《手稿》中，马克思对异化劳动进行了分析。他假定劳动是人作为类存在物的一种方式，即个体在作为一个人或者一个社会存在而生产自身的过程中，完成了对自身发展和自我实现的需求。通过对自我异化的积极扬弃，人实现了对人的本质的真正的占有，并在对象化劳动中完成了对个体和社会的创造，这种创造包含了物质财富和精神财富的生产、经济制度和社会制度的产生和整体文化的生成等。黑格尔认为劳动作为文化形式的创造者，是绝对精神寻求自身的同一性和个体的自我意识的显现，而马克思则同时在手工劳动和精神劳动两个层面讨论了个体的自我意识和自由创

① ［德］马克思：《1844年经济学哲学手稿》，人民出版社2014年版，第229页。
② 《马克思恩格斯选集》（第一卷），人民出版社1995年版，第257页。

造性。在康德那里，创造性是对知觉世界的认识论再造。在黑格尔那里，创造性是精神在社会历史中的自我展开。而在马克思看来，创造性是政治经济学的制度和社会关系的再造。恰恰是饱含了创造性的劳动在现实中被异化了，变成了被迫的、异己的劳动，"它不是满足劳动需要，而只是满足劳动需要以外的那些需要的一种手段"①。异化劳动使得由私有财产和阶级结构所定性的现代社会的生产模式固化，以致人的富有创造性的生活变得不可能，人的自身的发展、共同体和社会的交往行为都受到制约。同时，富有创造性的生活也变成了进一步积累和拥有财富的一种手段，而非人的潜能的自我表达。

马克思认为，共产主义社会能够实现个体在整体层面的更高需求，而这在资本主义社会是根本无法实现的。在资本主义社会，人的需求完全被社会所支配和控制，而非个体自由的表达。其中，个体对货币的需求是由现代经济体系所创造出来的需求，并逐步发展成为资本主义社会中个体的唯一需求。究其原因，就在于资产阶级为维护自身的统治，最大化获取资本增值所带来的收益，而虚构了民主、平等等概念，同时通过忽视社会交往行为的真实基础，制造了无所不在的不健康的欲望，进而塑造了对货币的极度需求，最终导致工人大都像野兽般愚昧。可以说，只要把人的整体需求野蛮地简单化为单纯的经济需求，资产阶级就能长久、稳定地维持其既定统治秩序。毋庸置疑，这些需求必然会产生普遍性的剥削，但正如马克思所说，"为了有可能压迫一个阶级，就必须保证这个阶级至少有能够勉强维持它的奴隶般的生存的条件"②。

康德曾经强调，人的尊严要求个体掌握他们自身的道德生活，并且在他自身与社会之间实现统一，只有当普遍意志或纯粹理性的道德法则不是强加于他而是他个体意志的表达的时候，个体自由才能实现。换言之，当个体遵从普遍的道德法则之时，他也就有效地遵从了自身自由意志的命令。然而，在一个感性、知觉、嗜好、需求和道德为经济所侵蚀的社会中，诸如沟通交流、关于艺术爱好的实践、对饮食的探索等活动都不再是共同交往的社会基础了，而是赚钱和积累财富。为此，只有实现对社会的

---

① 《马克思恩格斯选集》（第一卷），人民出版社 1995 年版，第 43—44 页。
② 《马克思恩格斯选集》（第一卷），人民出版社 1995 年版，第 284 页。

内在矛盾和异化劳动的超越，才能从根本上消除以劳动和劳动时间作为财富的创造标准、以交换价值来衡量社会需求和用途，并最终实现人类的解放。

马克思把唯物主义和人道主义同他关于无产阶级的世界历史作用的发现联系起来，并且证明只有无产阶级才能基于其生活条件建立起真正合乎人性的社会制度。马克思指出，社会从私有制下、从奴役制下获得解放，是通过工人解放这种政治形式表现出来的，而且不仅仅涉及工人的解放，因为工人的解放包含整个人类的解放。之所以如此，是因为整个人类的奴役制就包含在工人与生产的关系之中，而一切奴役关系只不过是这种关系的变形和后果罢了。由于无产阶级代表着人类最普遍的根本利益，最终要彻底消灭一切阶级剥削和阶级统治，解决人受奴役的问题，就必然要求扬弃异化劳动，进而消灭私有制。

人的本质的异化，在资本主义社会是一个普遍的现象，并存在于社会的一切领域和一切人身上。异化现象不仅存在于被剥削者身上，而且存在于剥削者身上。同时，雇佣劳动不仅夺走了工人的"类生活"，而且也夺走了资本家的"类生活"。在资本主义的社会关系中，工人被人格化的资本所奴役，而资本家则被他自己的资本和利润所奴役，即资本家本身也成了资本的附属物。此外，在资本主义制度下，几乎所有人的发展都是片面的，而对于人类来说，片面的发展本身就是畸形的，就是异化的一种表现。正因如此，马克思指出，只有扬弃异化劳动，消灭与异化劳动伴生的私有制，才能实现人的本质的真正复归。

二、撰写《关于费尔巴哈的提纲》时期：通过人的实践活动在人类社会中解决正义问题

《关于费尔巴哈的提纲》（以下简称《提纲》）在马克思哲学形成的过程中占据着特殊的位置，它概括了之前所取得的成果，体现出马克思最终克服了费尔巴哈的观点，并且已经意识到了无产阶级的唯物主义与资产阶级的唯物主义之间的基本区别。《提纲》对于进一步阐发唯物史观的基本原理确定了纲领性路线，指明了历史地理解德国资产阶级古典哲学的途

径，并同费尔巴哈哲学彻底划清了界限。但与此同时，马克思虽然也摒弃了一切唯心主义，却坚持了辩证法，即德国唯心主义哲学的合理内核，并把它应用于新的理论的建构和社会基础的研究之中。

马克思同费尔巴哈的唯物主义划清了界线，因为费尔巴哈的唯物主义以它现存的形式，即作为非历史的、形而上学的唯物主义，不适合在哲学理论上论证无产阶级的解放斗争。费尔巴哈不能在完整的和全面的意义上去认识实践，因此最终必然在历史观上陷入唯心主义，以致不能真正地理解人的感性活动。马克思批判费尔巴哈不能把这种活动理解为具体的感性的实践，而只是抽象地理解它，并把它归结为精神活动，即思想。而关于哲学唯心主义，马克思确认它同唯物主义相反，只强调了人的活动的能动方面，即这种活动的作用。正因如此，马克思认为，无论是消极地理解人，即只把人理解为直观的对象的费尔巴哈唯物主义的研究方法，还是把自然界和人都宣布为精神产物的唯心主义的研究方法，均不能科学地理解人的社会本质。只有那种在研究人的同时也研究人所在的社会的客观现象的哲学唯物主义的观点，才能科学地、历史地、具体地、辩证地认识人的本质。人既不是通过思维支配世界的精神存在物，也不是消极的自然界的产物，人通过他的客观的、实际的活动实现与证实自己作为人，并通过这种活动改变自然界、社会和他本身。

在《提纲》中，马克思指出唯心主义最致命的缺陷就是根本不去了解现实的个人。马克思批判道，费尔巴哈把人只看作这样的个人，即他不是通过标志着人的真正本质特征的社会关系，而是通过自然关系彼此发生联系。这样个人就脱离了现实的生活关系，即社会关系，变成了无阶级差别的、一般的人，也就是成了抽象的概念。同时，费尔巴哈还把社会理解为个人简单的总和，使社会也成了抽象物，即不是把社会看作一切人的关系的整体，而是人的"类本质"。相反，马克思则认为，社会关系从它的整体上构成和决定了人的本质，并由此得出这样的结论：在研究个人与社会时不应把两者割裂开来，而应将两者统一起来，从两者相互的依赖性及由此产生的相互关系中去论述。只有个人与社会多方面的实际的共同作用，才能产生社会生活，进而产生人类历史。

马克思对费尔巴哈宗教批判的分析，也是《提纲》的重要内容。马克思认为，由于费尔巴哈是从人本主义立场出发而不是历史地去研究宗教问题，所以他就失去了挖掘宗教的深刻社会根源的可能。费尔巴哈不明白宗教不可能彻底解决社会的不公和阶级的压迫与斗争，反而想建立爱的宗教，把抽象化了的感情关系当作宗教，这是一个倒退，也是不现实的。他的这个思想是抽象的、先验的人性论的表现。也就是说，费尔巴哈不是直截了当地按照本来面貌看待人们彼此间以相互倾慕为基础的关系，而是用先验的方法把感情关系抽象化了。按照他的观点，由于人们需要一个同他们的类本质相适应的共同体，宗教便产生了。但是，因为这样的共同体生活在人的尘世集体生活中找不到，所以人们就把这种类本质和这种生活变为理想的图景。在这个理想图景中，人们把上帝看成是他们的类本质，把天堂中的生活看成是他们的"类生活"。于是，人们就以这种方式在宗教的自我异化中造成了世界的二重化：一个宗教的世界和一个尘世的世界。在费尔巴哈看来，要消灭宗教，只需揭示它的人的基础与人的内容就足够了。对此，马克思予以了反驳，指出宗教像任何意识形态一样，无论是产生还是消亡都是由社会决定的。马克思认为，费尔巴哈的功绩在于：他"把宗教世界归结于它的世俗基础"①。

但是，费尔巴哈未能说明的问题是：为什么这种世俗基础会"使自己从自身中分离出去，并在云霄中固定为一个独立王国"②？对于这个问题，从费尔巴哈的人本主义立场出发是无法回答的。马克思的历史唯物主义的研究方法用这个世俗基础的自我分裂和自我矛盾来说明世界的二重化，并指明了实际地克服这个世俗基础的内在矛盾的道路。马克思指出，如果说宗教感情连同它所引起的神秘教义与幻想是产生于被歪曲了的、矛盾的社会关系的话，那就只有消灭这种关系它们才会被消灭。要消灭这种关系，只有在革命实践的过程中才能做到，也只有实践才能同时改变外部环境和人本身。费尔巴哈断言，感性的直观包含着客观世界的实现的确实性，因而基于感性直观的思想具有客观真理性，马克思对此进行了反驳，认为这个问题不取决于理论，而取决于实践，并且指出"人应该在实践中证明自

---

① 《马克思恩格斯选集》（第一卷），人民出版社 1995 年版，第 55 页。
② 《马克思恩格斯选集》（第一卷），人民出版社 1995 年版，第 55 页。

己思维的真理性，即自己思维的现实性和力量，自己思维的此岸性"①。

物质生产的发展和社会历史的变迁现实地决定了正义内涵的变化。马克思不是像以往的思辨哲学那样抽象地在理论层面讨论正义问题，而是到人的实践活动中去探索，进而发现了生产方式对正义的决定性作用。而要把握这种决定性作用，就只能在正义与物质生产的内在关联中去理解。以往的思辨哲学的争议之处在于它是从抽象的人性出发的，而不考虑现实的人和现实的人的生产关系要素，这样来谈正义就是空谈正义，遮蔽了正义的实践性和历史性。马克思认为，哲学的真正任务不在于解释世界，而在于改变世界。因此，为了进一步发展科学的理论，马克思要求对实践进行分析，并且指出："全部社会生活在本质上是实践的。凡是把理论引向神秘主义的神秘东西，都能在人的实践中以及对这个实践的理解中得到合理的解决。"② 对于社会现实的充分关注，是马克思正义观的全部出发点和落脚点，它不仅有对社会不正义的形上批判，更为重要的是，还有对这种不正义的现实解决办法的制度探索以及落实到个人利益的切实调整。至此，实践作为正义的最重要的内涵就被发掘出来了，只有充分利用社会实践使正义思想不断地得到完善，它才能成为改变现存不正义世界的准则。

三、撰写《德意志意识形态》时期：各个个人在联合中获得自由

《德意志意识形态》写于 1845 年底至 1846 年初，马克思在这部著作中提出了生产力、以交往形态出现的生产关系、与生产力相适应的生产方式、整个社会的经济基础和上层建筑、人民群众与社会革命等唯物史观的范畴，从而丰富了历史唯物主义和实践唯物主义的内涵。也是在写作这部著作期间，马克思认识到了正义作为一种价值理念被不同的历史时期、不同的物质生产条件所决定，正义是作为一个历史范畴而存在的，这就驳斥了哲学史中自然正义、永恒正义、思辨正义等正义理念。

马克思研究了人类历史的发展规律，探讨了人类历史的前提，即有生

---

① 《马克思恩格斯选集》（第一卷），人民出版社 1995 年版，第 58 页。
② 《马克思恩格斯选集》（第一卷），人民出版社 1995 年版，第 56 页。

命的个体的存在。这些个体的肉体组织制约着他们同自然界产生一定的关系，而他们所遇到的地理的、气候的等自然条件也制约着他们的生活。当然，这个前提并不意味就决定了人类历史的全部特点，因为动物也同人一样面临上述问题。人区别于动物的最根本的要素，即人类历史活动的第一个要素在于："一当人开始生产自己的生活资料的时候，这一步是由他们的肉体组织所决定的，人本身就开始把自己和动物区别开来。"① 所以马克思认为，人的第一个历史的活动是物质生活本身的生产，这是全部历史的基本条件，因为人为了生存必须进行这种生产。人类历史活动的第二个要素是："已经得到满足的第一个需要本身、满足需要的活动和已经获得的为满足需要而用的工具又引起新的需要。"② 而第三个要素就是人类自身的繁殖。

马克思指出，人之所以能够作为社会的和历史的存在而发展，就是由于人的基本条件，即物质生活的生产具有社会的性质。由生产的社会性质便产生了这样的结果，即一定的生产方式或经济阶段始终与一定的合作方式或社会阶段相联系。物质生活的生产方式制约着整个社会生活、政治生活和精神生活的过程。不是人的意识决定人的社会存在，而是人的社会存在决定人的意识。社会的物质生产力发展到一定阶段，便同它一直在其中活动的现存生产关系或财产关系发生矛盾，于是这些关系便由同生产力相适应的状态变成生产力的桎梏。此时，社会革命的时代就要到来了。

生产力与生产关系的辩证关系表明了人与人之间的物质联系，随着生产的发展与变化，这种联系不断出现新的样态，于是就形成了历史。马克思认为，这种历史是政治的、思想的历史的现实基础。生产使人们聚集在一起，并决定他们的一切关系。新的生产力的形成会引起新的分工，社会分工的任何新阶段都会导致相应的所有制形式的产生。只要还存在社会分工，只要还存在特殊利益与普遍利益的分裂，只要分配还不是自愿地进行，那么人的本身的活动就会成为异己的、同他相对立的力量。

在马克思看来，社会意识是社会生活的体现。自资本主义生产方式产生后，世界市场逐渐形成，民族、国家间的交往壁垒被逐渐打破，原有的

---

① 《马克思恩格斯选集》（第一卷），人民出版社 1995 年版，第 67 页。
② 《马克思恩格斯选集》（第一卷），人民出版社 1995 年版，第 79 页。

孤立、封闭的发展逐渐走向开放、融合的发展。这样的发展出现了很多新特点，如更加趋向相互依存、具有多边协调性等，于是代替民族史、地域史的世界历史雏形渐显。正是由于普遍交往，狭隘地域性的个人为世界历史性的、真正普遍的个人所代替。就像马克思所说，"只有在共同体中，个人才能获得全面发展其才能的手段，也就是说，只有在共同体中才可能有个人自由。在过去的种种冒充的共同体中，如在国家等等中，个人自由只是对那些在统治阶级范围内发展的个人来说是存在的，他们之所以有个人自由，只是因为他们是这一阶级的个人"①。换言之，人的真正自由是随着人的交往的增进，在真正的共同体中实现的。

马克思不是从狭隘的民族立场去论证共产主义革命的可能性与必然性，而是从一开始就强调了无产阶级的阶级斗争和共产主义革命的国际的、世界历史的性质。马克思深刻地指出，共产主义革命的必然性是与确定共产主义这一崭新的社会性质相联系的。共产主义作为私有财产的扬弃，把私有财产转化为公有财富和产品，并还给它们的生产者和创造者，这成为真正的人的生活不可剥夺的要求，也是从实践方面体现了人的生成。在以往的各个社会形态中，人们彼此间的合作是由分工的不同导致的，而在共产主义社会，那种由私有制统治所产生的奴役性的分工将消失，人的个性将获得全面的发展。

马克思在谈及共产主义时曾指出："个人力量（关系）由于分工转化为物的力量这一现象，不能靠从头脑里抛开关于这一现象的一般观念的办法来消灭，而只能靠个人重新驾驭这些物的力量并消灭分工的办法来消灭。没有集体，这是不可能实现的。只有在集体中，个人才能获得全面发展其才能的手段，也就是说，只有在集体中才可能有个人自由。……在真实的集体的条件下，各个个人在自己的联合中并通过这种联合获得自由。"② 由此可知，随着生产与交往范围的逐渐扩大以及世界历史的生成，我们不应当只是在一个民族内、一个国家内来探讨正义问题，还应该考察全球的正义问题。也就是说，要关心小范围的地方性的正义，更要关心全球性的正义。

---

① 《马克思恩格斯选集》（第一卷），人民出版社 1995 年版，第 119 页。
② 《马克思恩格斯全集》（第三卷），人民出版社 1960 年版，第 84 页。

马克思对于正义的价值诉求、对狭隘的地域性的共产主义的批判以及关于全世界共同发展的理论逻辑，正是构建人类命运共同体理念的理论基石，恰如习近平总书记所说，"我们应该大力弘扬和平、发展、公平、正义、民主、自由的全人类共同价值，共同为建设一个更加美好的世界提供正确理念指引。和平与发展是我们的共同事业，公平正义是我们的共同理想，民主自由是我们的共同追求"①。

第三节 马克思正义观的成熟时期

马克思通过批判分配正义，进一步厘清了分配是由生产决定的。所以，在《1844 年经济学哲学手稿》之后，马克思很少使用异化劳动的概念，因为他找到了消解不正义问题的现实道路，即到社会生产过程中去考察，之后推翻产生不正义的社会制度和生产关系，如此才能真正实现社会正义，才能实现真正的社会正义。通过揭露自由主义正义的市民社会基础及其建立在私有财产和人的异化劳动的基础上的社会现实，马克思从社会生产出发来理解正义，指出经济基础决定了一个社会的上层建筑，只有推翻分配正义产生的现实存在，才能真正解决不正义问题。这正是马克思正义观的演进逻辑线索。

一、发表《共产党宣言》时期：马克思的正义宣言

1848 年发表的《共产党宣言》在马克思哲学中拥有特别显著的地位，某种意义上也可以说是马克思的正义观成熟的标志。

《共产党宣言》明确了马克思哲学的进步性，并宣告了马克思哲学同现代工人运动的结合。正是由于这种结合，马克思哲学的革命本质才得到了更完整的体现，并获得了它的世界历史意义。马克思哲学成为无产阶级斗争与社会主义建设的思想武器。《共产党宣言》宣告了科学社会主义的诞生，推动了马克思哲学同工人运动的结合，马克思的正义观也由此得到

---

① 《习近平著作选读》（第二卷），人民出版社 2023 年版，第 543 页。

了实践表达。由共产主义者同盟领导的工人运动和马克思的正义观是资本主义制度下占统治地位的阶级对抗和资本主义生产方式中占统治地位的无政府状况的产物。从此，工人运动与科学社会主义天然地结合在一起，这一结合在《共产党宣言》中获得了经典的表达。无产阶级的社会地位和历史使命得以明晰，以往的一切人道主义思想在马克思哲学中被扬弃并获得了质的超越。因此，可以毫不夸张地说，正是马克思消除了人道主义的空想的性质，证明了关于个人充分发展的理想，并指出了只有在一个真正为了人的社会制度里，人的充分的自由全面发展才能变为现实。

在《共产党宣言》中，马克思论证了阶级斗争是社会发展的动力，认为阶级的存在有着它的物质基础，并同社会生产发展的一定历史阶段紧密联系，阶级斗争正是阶级之间的社会经济关系的冲突所致。换言之，一切阶级斗争，都是围绕着经济利益展开的。从马克思对无产阶级与资产阶级之间的阶级斗争的分析可以看出，马克思哲学是从直接决定人的思想的社会现实生活出发去深入探究阶级斗争变化的原因的。马克思认为"至今一切社会的历史都是阶级斗争的历史"[1]，这就为历史研究提供了一个彼此区别的各阶级、阶层相互斗争的图景。资本主义社会与以往的各个社会形态显著不同，阶级的对立更加直接，正如马克思所说，"整个社会日益分裂为两大敌对的阵营，分裂为两大相互直接对立的阶级：资产阶级和无产阶级"[2]。无须讳言，资产阶级在推动历史发展方面曾经起到过革命的、进步的作用，尤其是"在它的不到一百年的阶级统治中所创造的生产力，比过去一切世代创造的全部生产力还要多，还要大"[3]。也就是说，正是由于资产阶级运用和发挥了强大的物质生产力，才推动了社会的快速发展。然而，资产阶级在为社会发展带来巨大红利的同时也造成了恶果，即残酷的剥削。生产的不断变革，社会状况的不停动荡是资本主义社会的标志，"它用公开的、无耻的、直接的、露骨的剥削代替了由宗教幻想和政治幻想掩盖着的剥削"[4]。

于是，一种真正的、以现代生产力的充分发展为前提的、消除资本主

---

① 《马克思恩格斯选集》（第一卷），人民出版社 1995 年版，第 272 页。
② 《马克思恩格斯选集》（第一卷），人民出版社 1995 年版，第 273 页。
③ 《马克思恩格斯选集》（第一卷），人民出版社 1995 年版，第 277 页。
④ 《马克思恩格斯选集》（第一卷），人民出版社 1995 年版，第 275 页。

义生产关系所产生的异化劳动的社会制度要求出现，要建立这种社会制度，就要有一种社会力量。这种社会力量同现代生产力的发展最密切地联系在一起，并且从它的整个生活地位出发最深切地关注着甚至是迫不得已地关注着，建立那种同现代生产力的发展相适应的生产关系，这种社会力量即现代工人阶级。正如马克思所说，"资产阶级不仅锻造了置自身于死地的武器；它还产生了将要运用这种武器的人——现代的工人，即无产者"①。这就意味着现代工人阶级是推翻资本主义的现实力量。

马克思的正义观正是无产阶级进行革命的现实武器。马克思认为，无产阶级同现代生产力的发展直接相联系，这必然导致无产阶级的扩大，也必然导致无产阶级的集中。无产阶级的阶级斗争只能是国际的，因为资本是在全球范围内扩张的，资产阶级谋求的是在全世界的统治和压迫，对此，马克思指出："如果不就内容而就形式来说，无产阶级反对资产阶级的斗争首先是一国范围内的斗争。每一个国家的无产阶级当然首先应该打倒本国的资产阶级。"② 同时，马克思还发出号召："全世界无产者，联合起来！"③ 这样马克思就完整地阐述了无产阶级的世界历史使命，揭示出了必然导致无产阶级革命和共产主义社会改造的客观的社会前提和规律性，并论证了这种社会前提和规律性在无产阶级与资产阶级的阶级斗争中的历史地位。最终马克思证明，无产阶级只有由科学世界观武装起来的共产党所领导，才能实现它的世界历史使命，进而实现由资本主义社会向共产主义社会的过渡。

马克思指出："如果说无产阶级在反对资产阶级的斗争中一定要联合为阶级，如果说它通过革命使自己成为统治阶级，并以统治阶级的资格用暴力消灭旧的生产关系，那么它在消灭这种生产关系的同时，也就消灭了阶级对立的存在条件，消灭了阶级本身的存在条件，从而消灭了它自己这个阶级的统治。"④ 可见，无产阶级联合起来并在有组织的政党的领导下进行革命，将会彻底推翻少数人压迫多数人的社会制度。而在这一革命的过程中，正义作为价值也必然随着社会形态的变革而实现超越。

---

① 《马克思恩格斯选集》（第一卷），人民出版社 1995 年版，第 278 页。
② 《马克思恩格斯选集》（第一卷），人民出版社 1995 年版，第 283—284 页。
③ 《马克思恩格斯选集》（第一卷），人民出版社 1995 年版，第 307 页。
④ 《马克思恩格斯选集》（第一卷），人民出版社 1995 年版，第 294 页。

二、撰写《资本论》时期：正义要与生产方式相一致

《资本论》全面、丰富地阐述了马克思的哲学思想。在这部不朽的著作中，马克思对资本主义的产生、发展和灭亡的过程及规律进行了深刻而全面的探讨，不仅科学地论证了无产阶级革命取得胜利的历史必然性，进一步厘清和解决了一系列哲学理论的基本问题，而且完善了辩证唯物主义。同时，还全面论证了社会运动是一个自然历史过程的观点，阐明了对于世界历史一般规律的认识。马克思之所以花费巨大心血写作《资本论》，是因为揭露资本主义经济运行的秘密是直接地、致命地批判资本主义剥削本质的必然要求，也是推动唯物史观发生具体的、丰富的、深刻的变革的必然要求。也就是说，为了进一步论证阶级斗争、无产阶级革命和无产阶级专政的历史必要性，全面解剖资本主义社会是必不可少的前提。

马克思在《资本论》中开宗明义地写道："我要在本书研究的，是资本主义生产方式以及和它相适应的生产关系和交换关系。"① 需要指出的是，以往的资产阶级哲学家和科学家由于它们认识的局限性和阶级立场，不能对资本主义社会的结构进行深入的分析。而马克思则从思维是现实的反映的认识出发，同时又特别注意思维的能动性，把资本主义社会的客观总体样貌在人的思维中再生产出来了。他对资本主义生产方式的剖析，不仅成了研究其他一切社会经济形态的榜样和典范，还证实了辩证法作为研究和论述的方法的特殊效力。

马克思明确了物质生产对生产方式的决定和干预作用，科学地厘清了消费、分配和交换在经济领域的地位和意义。同时，马克思还重点研究了人的劳动过程，阐释了劳动是人类社会前进和发展的动力基础，并揭示了人的劳动与社会经济关系之间的合规律的联系。他认为，随着生产力的变化，劳动过程会合规律地发生变化，从而导致生产关系也发生变化，反过来，生产关系又会对劳动和劳动过程的性质产生影响。而生产力的发展状况则提供了区分社会发展阶段的客观尺度。马克思研究发现，在一定的生产力和生产关系中，活动的个人必然受现实的制约，即个人只能在一定的

---

① 《马克思恩格斯全集》（第二十三卷），人民出版社 1972 年版，第 8 页。

条件下、以一定的形式去实现他的社会本质，而这些条件和形式则是占统治地位的生产关系所预先规定的。因此，个人始终是一个历史的、具体的人，他的个性的发展的可能性一般地取决于社会所能达到的具体的发展阶段，取决于他在这个社会结构中所处的社会地位或阶级地位。在资本主义社会，人的社会关系是通过商品交换关系表现出来的。单纯就交换来说，人与人的关系似乎是公平的，但是只要将交换同分配和生产结合起来考察，就会发现资产阶级因其占有生产资料而在经济关系中处于支配地位，而无产阶级由于只能出卖劳动换取报酬，所以在经济关系中处于被支配地位，这事实上造成了资产阶级与无产阶级在权力、地位上的不平等。马克思通过劳动的二重性分析和剩余价值理论，揭示了资本主义社会的真实的阶级关系，并且指出只有废除资本主义生产关系、消灭剥削和两极分化，活动的人方能成为社会一切发展的真正的中心和目的。

进入马克思的政治经济学批判语境，可以看到面对资本主义竭力宣扬的所谓的自由主义正义观，以及资本主义制度平等地保护了由人的劳动所创造的财产权和所有权等主张，马克思指出，劳动者根本不能获得由其劳动行为所创造的劳动成果，由于劳动力成为商品，资本家购买了工人的劳动力，就等于一并购买了劳动力所创造的全部价值。这就意味着工人创造的全部劳动成果实际上归资本家所有，即劳动者并不能占有自己的劳动成果。如此不难发现，资本主义制度做出的关于劳动所有权的所谓"正义承诺"，实际上成了空头口号。正因如此，资本主义制度所标榜的正义性受到了马克思的批判。也就是说，正是马克思揭开了资本主义"交换正义"的神秘面纱，批判了整个资本主义制度的非正义性，这是马克思正义思想的批判面向。

在《资本论》的"生息资本"一章中，马克思论述道："这些形式只是表示这个内容。这个内容，只要与生产方式相适应，相一致，就是正义的；只要与生产方式相矛盾，就是非正义的。在资本主义生产方式的基础上，奴隶制是非正义的；在商品质量上弄虚作假也是非正义的。"① 可见，马克思在讨论正义问题时要求必须回到特定的社会历史中，并主要考察当时社会的生产方式。在他看来，在特定社会的特定生产方式的基础上，产

---

① ［德］马克思：《资本论》（第三卷），人民出版社 2004 年版，第 379 页。

生一定的分配方式是必然的，并且是生产方式最终决定分配方式，而不是正义理念。只要与这种特定的生产方式相适应，那么分配方式就是正义的，否则就是非正义的。而建立在剥削人、奴役人的基础之上的资本主义生产方式已无正义可言，其分配方式更谈不上有何正义之处。马克思之所以批判思辨正义观，就是因为这种正义观完全是资产阶级为了维持既有统治的虚假口号。为此马克思认为，只有推翻资产阶级的统治，使人的劳动复归人的自身，人才能实现真正的自由和解放。同时，正义必须具有社会性和历史性，而且只有到了共产主义社会，劳动才会发生根本的变化，才会成为人的第一需要，成为创造性的、真正的人的活动。

三、撰写《哥达纲领批判》时期：马克思正义观指导工人运动

在资本主义社会经济不断发展的基础上，德国自发的工人运动在 19 世纪 60 年代蓬勃发展，工人们力争把自己作为一个阶级组织起来，并明确了自己的经济要求和政治目的，这在当时主要表现为工人联合会、工人教育协会等组织的迅速产生和层出不穷。无产阶级组织起来和建立政党是在社会上充斥着复杂的意识形态和世界观的背景下实现的。当时资产阶级和小资产阶级的思想家以及封建反动势力的思想家，都企图为了他们各自的目的而在政治上和世界观上影响和利用发展着的工人运动。因此，工人阶级中最进步的力量的主要任务是重新创立一个独立的工人阶级的革命政党，以摆脱形形色色错误理论的陷阱，把科学社会主义与工人运动紧密地结合起来。在这一时期，拉萨尔以发表《工人纲领》开始了他对工人的鼓动，通过这种鼓动，他完全同随着德国工业发展而成长起来的工人运动的一系列要求联系在了一起，即争取在政治上脱离自由资产阶级和建立独立的政党。然而，拉萨尔关于在德国重新建立一个独立的无产阶级政党的合理要求同他与这个要求不相适应的世界观之间存在深刻的矛盾。同时，他还为无产阶级政党的前途设置了绝对的界限。拉萨尔错误地认为，工人的贫困是由"铁的工资规律"[①] 造成的，要废除这一规律只能通过普鲁士政府的帮助才能完成，即要摆脱贫困只能依靠资本主义国家的政治职能的调整。

---

① 《马克思恩格斯选集》（第三卷），人民出版社 1995 年版，第 311 页。

而这完全是自相矛盾的，原因在于拉萨尔没能科学地认识工人的贫困是由资本主义的雇佣劳动和资本家的残酷剥削造成的。总之，按照拉萨尔的政治纲领，工人运动无论是在政治上还是在经济上，都不能超越资产阶级的视野。

拉萨尔为了论证他的经济目标，即公平分配全部劳动所得，重新拾起了已被马克思在《哲学的贫困》中证明为不合理的英国古典政治经济学关于价值理论的解释。拉萨尔认为自己在"劳动量"与"劳动工资"的差别中看到了隐藏着的全部社会问题，这就是由于经济学家早就证明了工人就是得不到与其劳动相等的工资，所以分配不均问题已经获得了"解决"。马克思正是由此出发对国民经济学进行了严厉批判，并找到了理解资本主义生产方式及其客观发展规律的钥匙，而拉萨尔却仍停留在道德上谴责资本主义社会不公正的分配，即停留在了空想的社会主义社会中。

在批判拉萨尔主义时，马克思说："什么是'公平的'分配呢？难道资产者不是断言今天的分配是'公平的'吗？难道它事实上不是在现今的生产方式基础上唯一'公平的'分配吗？难道经济关系是由法的概念来调节，而不是相反，从经济关系中产生出法的关系吗？难道各种社会主义宗派分子关于'公平的'分配不是也有各种极不相同的观念吗？"① 尤其是在处理公平分配的问题时，马克思明确批判道："把所谓分配看做事物的本质并把重点放在它上面，那也是根本错误的。"② 马克思认为，分配往往同关于商品的消费和交换模式的考虑联系在一起，商品的消费和交换是社会异化的表现，而不是最本质的问题。交换和消费完全是由生产所决定的，因为"消费资料的任何一种分配，都不过是生产条件本身分配的结果……既然生产的要素是这样分配的，那么自然就产生现在这样的消费资料的分配"③。

在马克思看来，在资本主义制度下，工人如同任何其他商品一样是作为物来起作用的，而不是被当作人来看待，因此只有消灭资产阶级，对工人的剥削才能消除。不过马克思也强调，社会主义消灭资本主义后，合理

---

① 《马克思恩格斯选集》（第三卷），人民出版社 1995 年版，第 302 页。
② ［德］马克思：《哥达纲领批判》，人民出版社 1965 年版，第 15 页。
③ 《马克思恩格斯选集》（第三卷），人民出版社 1995 年版，第 306 页。

吸收资本主义的理性政治原则，可以在社会主义的早期阶段规范社会经济秩序。而且在社会主义制度下，生产的性质彻底改变为社会主义的，等价交换作为社会主义共同体的规范性机制全面展开，消费者所拥有的权利取决于个人的劳动和贡献。当然，马克思也认识到了人与人之间天然地存在着不平等。他认为人的能力、天赋等因素自然地不同，而这就造成了天然的不平等，并且指出那种所谓的"平等的权利，对不同等的劳动来说是不平等的权利。它不承认任何阶级差别，因为每个人都像其他人一样只是劳动者；但是它默认，劳动者的不同等的个人天赋，从而不同等的工作能力，是天然特权。所以就它的内容来讲，它像一切权利一样是一种不平等的权利"①。马克思认为，人的身体、智力等存在着先天的不平等，而且人进入经济关系中之后更是由于受教育程度、阶级地位差距等而产生了后天的不平等。因此，真正的公平分配的衡量标准必须重新进行考量，而拉萨尔所谓的"'社会一切成员'和'平等的权利'显然只是些空话"②。

马克思认为，社会主义的首要原则即为发展生产能力，但由于个体的禀赋存在着天然的差异，如有的人生来就强壮、聪明，而有的人生来却疾病缠身，因此忽视个体的差异性而以劳动和生产贡献来设定社会价值的观点是大有问题的。为了克服资产阶级倡导的所谓的公平分配的局限性，马克思大声疾呼，要承认人在实践他的创造性能力的时候，存在着个体的差异和人种的差异，并且指出实质平等是公平正义的基石，没有实质平等，公平和正义都难以实现。可见，马克思对资本主义的所谓正义持一种批判的态度。此外，他在憧憬共产主义社会时说道："在劳动已经不仅仅是谋生的手段，而且本身成了生活的第一需要之后；在随着个人的全面发展，他们的生产力也增长起来，而集体财富的一切源泉都充分涌流之后，——只有在那个时候，才能完全超出资产阶级权利的狭隘眼界，社会才能在自己的旗帜上写上：各尽所能，按需分配！"③ 正是基于对共产主义的合理预测和分析，马克思才丰富了关于对社会进行革命改造的科学的革命理论，从而为无产阶级进行阶级斗争提供了强大的理论武器。

---

① 《马克思恩格斯选集》（第三卷），人民出版社1995年版，第305页。
② 《马克思恩格斯选集》（第三卷），人民出版社1995年版，第302页。
③ 《马克思恩格斯选集》（第三卷），人民出版社1995年版，第305—306页。

共产主义作为一种社会理想，包含着对正义的价值诉求，这符合历史发展的趋向和规律。正义与非正义对立而生，正义真正实现之时就是正义理念消灭之时，所以共产主义社会是一个超越正义的社会。共产主义社会符合人类需求和个性发展的差异性要求，个体的劳动和生产强度大为降低，个体可以去实现其理性、自由和个体化的潜能。

第四章 马克思实践视域下的
正义观的实质

马克思的正义观之所以不同于以往的伦理政治的正义观，根本原因在于形成正义观的哲学基础发生了转变。在马克思哲学诞生以前，思辨正义的发展始终是以超验的德性论为前提，以抽象的单子化的个体的感性欲望和冲动为前提，建立在对人的本性的唯心主义设定上。马克思之所以能够超越这种正义观，原因恰恰在于他的思维方式已经摆脱了抽象的唯心论和预定论的人性学说的禁锢，提出了建立在实践基础之上的历史唯物主义。

第一节　马克思实践视域的内涵

一、马克思的实践哲学转向

马克思哲学是关于现实的人及其发展的科学，是文明的时代精神的表达，是关于人类解放的理论，其发展经历了三个阶段。

第一阶段，是受黑格尔影响的理性的人的时期，即 1837 年至 1842 年在柏林大学读书和主持《莱茵报》时期。马克思早年深受黑格尔哲学的影响，也认为历史发展的原因和动力是理性，他的博士论文《德谟克利特的自然哲学和伊壁鸠鲁的自然哲学的差别》就突显了理性决定历史的思维方式。在这篇论文中，马克思强调了伊壁鸠鲁的原子偏斜运动，弘扬了自我意识的能动性，认为自我意识必然要对象化，并由此提出了哲学的世界化和世界的哲学化这一著名命题，主张人的自我意识以及世界上的主体与客体的相互作用。刚主持《莱茵报》的时候，马克思仍然坚持黑格尔的思维方式，试图用理性去说明现实问题，但在对现实问题进行研究的过程中，马克思开始发现决定人的活动的动机是物质利益，而非黑格尔所说的理性，于是对黑格尔的理性哲学有了新的认识，并渐渐地与黑格尔哲学决裂。

第二阶段，是受费尔巴哈影响的异化的人的时期，即 1843 年至 1844年上半年撰写《黑格尔法哲学批判》和主持《德法年鉴》时期。马克思对黑格尔哲学产生怀疑后，首先批判的就是黑格尔关于国家和法的论断。黑格尔认为，在资本主义的政治经济二元化时代，国家代表的是公众的普遍利益，是普遍理性的体现，而市民社会和家庭则是私人活动的领域，代表的是私人的特殊利益，私人利益必须服从于公众的普遍利益，所以国家决定市民社会和家庭。在《黑格尔法哲学批判》一书中，马克思对黑格尔的观点进行了批判，认为并不是国家决定家庭和市民社会，而是家庭和市民社会决定国家，家庭和市民社会才是国家的基础和前提。马克思指出，国家在政治上排除私人利益，不是要消灭私人利益，而是恰恰以私人利益为前提。人在国家和市民社会两个不同的领域处于双重人格分裂：在国家中，他是一个真正的人，但不是现实的人；在市民社会中，他不是一个真正的人，但却是现实的人。这种双重人格的分裂表明，国家是主体政治异化的产物，是虚幻的，是市民社会自我分裂的结果。因此，是市民社会决定国家而非国家决定市民社会，即国家的根源在市民社会。这一观点既是唯物史观的基本原则，也是经济基础决定上层建筑理论的最初的萌芽形式。在这一阶段，马克思思想的进展表现为彻底摆脱黑格尔的哲学思维，开始把主体从理性自我意识转向人的自身，并用人的异化来解释政治现象，从而为唯物史观的创立奠定了基础。

主持《德法年鉴》期间，马克思将哲学批判与政治批判结合起来，对现存的一切进行了无情的批判。也就是在这一过程中，他发现了一个新的领域，即应当用哲学武装人民大众，把精神的力量转化为物质的力量，以现实地去改变世界和摧毁旧的社会制度，进而现实地解放无产阶级、解放人类。马克思在《德法年鉴》上发表了《论犹太人问题》和《〈黑格尔法哲学批判〉导言》两篇论文，充分阐述了"人是人的最高本质"① 这一人道主义思想内涵。可以说，对市民社会分裂原因的探讨，或者说市民社会本身是马克思主持《德法年鉴》期间要解决的中心问题。但与此同时，犹太人的解放问题也是马克思研究的重要内容。他认为，犹太人的解放问题是当时普鲁士社会各方关注的焦点问题之一。关于这个问题，布鲁诺·鲍威尔认为，犹太人之所以受排挤，原因就在于他们信奉犹太教，而这与作为普鲁士国教的基督教是不相容的，所以犹太人唯有放弃犹太教才能获得解放。这种思想是当时资产阶级要求政治解放的必然产物，体现了资本主

---

① 《马克思恩格斯选集》（第一卷），人民出版社 1995 年版，第 16 页。

义上层建筑的意志，即必须在国家和政治层面消灭宗教，以使人获得公民资格，获得自由、平等、安全以及拥有财产等一系列人权。马克思坚决反对这种思想，认为宗教只是世俗狭隘性的表现，而不是原因，并且指出即使在资产阶级革命最为彻底的美国，国家也只是废除了宗教在政治上的统治地位，不但没有消灭宗教，反而以宗教为前提。这说明犹太人受压迫的根源并不在国家政治领域，而在市民社会之中。由于市民社会的基础是私有制，所以正是私有制使人与人之间、人与社会之间分裂和对立，使市民社会成为一切人反对一切人的战场。马克思进而指出，私有制在现实上就置人于不平等的地位，资产阶级倡导的所谓人权其实质就是要维护资本家的剥削地位。可见，资产阶级的政治解放是有局限性的，它使人获得的只是形式上的平等，它促使资产阶级这一个阶级获得解放并成为统治阶级，因此只具有反封建的意义。也就是说，单纯的政治解放并不代表人的真正解放，还必须消灭私有制、消灭剥削，只有把一切不平等的根源都消灭掉，人类才能获得真正意义上的解放。由此可知，犹太人解放的实质是犹太人从犹太教中解放出来，而要获得这种解放，就要有哲学理论的引领，同时也要有物质的基础，即必须现实地改变历史的发展进程。为解决这一问题，马克思提出了"批判的武器当然不能代替武器的批判，物质力量只能用物质力量来摧毁；但是理论一经掌握群众，也会变成物质力量"的著名论断。至此，马克思就把哲学的批判与无产阶级的现实革命统一起来了。在他看来，哲学是头脑，无产阶级是心脏，只有两者的结合才能完成无产阶级革命的任务。

在这一阶段，马克思认识到了私有制才是市民社会自我分裂的根源，并由此提出了只有消灭私有制才能实现人类的解放这一光辉论断，这表明此时的马克思已由一个革命的民主主义者转变成了共产主义者，正是他把人类解放与无产阶级革命联系在一起，找到了实现共产主义的依靠力量，为社会主义从空想走向科学奠定了理论基础。

马克思认为，要实现人类解放，就必须消灭私有制，但要消灭私有制，就需要研究私有制产生的原因、发展的过程以及消灭私有制的条件、途径等问题。马克思在实践中发现，私有制的问题实质上就是经济学的问题，因此怎样才能消灭私有制其答案只能到经济学中去寻找。至此，马克

111

思就由对政治的批判转向了对经济的批判，并开始了创立实践哲学的过程。

第三阶段，是现实的人的时期，即创立实践哲学的唯物史观时期。在这一阶段，马克思哲学发生了转向实践哲学的重大转变。在进行经济学研究的过程中，马克思逐渐脱离了费尔巴哈的影响，找到了劳动实践这一全部历史的现实基础，并以此来解释历史的发展。马克思实践哲学的创立是通过深入批判国民经济学实现的，而《1844年经济学哲学手稿》则是马克思实践哲学的重要成果。马克思在《手稿》中指出，人的本质是自由自觉的活动，人的活动遵循两种尺度：第一种是外在对象的尺度，第二种是人内在的尺度。前者主要是指客观事物及其规律，后者包括人的需要、目的、利益以及由此产生的自由和创造性的本质力量。人是按照规律构造世界的，但在资本主义历史条件下，人的活动却被异化了。首先是劳动产品与劳动者相异化。劳动产品原本是由人的劳动创造出来并归劳动者所有的，应该是人的本质力量的确证，但在资本主义生产方式下，劳动产品不归劳动者所有，而为资本家所占有。这就意味着劳动产品与人是对立的，工人生产的劳动产品越多，所受的剥削就越重，或者说劳动者创造的物质财富越多反而越贫困，劳动力成了廉价的商品。于是，人逐渐被自身创造的产品所统治，甚至由此产生了"商品拜物教"和"金钱拜物教"。随着商品对人的统治越加牢固，人与人之间的关系变成了物与物的关系，人的价值更是沦为物的价值的附庸。

其次是劳动行为本身的异化，这是造成劳动产品异化的根本原因。人的劳动本来是对象化的，是人实现自身本质力量的过程。原本人在劳动中能够肯定自身，并获得一种愉悦的成就感，但是在资本主义生产方式下，劳动却成了人谋生的必要手段，成了异己的过程。同时，劳动也不再是劳动者的自由自觉的活动，而成了被迫的、强制的、不由自主的活动。换言之，人为了生存不得不被动地去劳动。这样人在劳动中就感受不到劳动带来的对象化改造的愉悦。相反，劳动给人带来的往往是痛苦和折磨，所以人会逃避劳动，厌恶劳动。

再次是人的类本质与人相异化。马克思认为，人是一种类存在物，劳动是人的类本质的根本体现，这种劳动应该是自由自觉的活动，是人的能动的类生活，是人区别于动物的类本质。人的类本质需要人通过自身的实践活动改造对象世界来确证。但在资本主义社会，劳动产品的异化使人不能确证其类本质，劳动活动本身的异化则把人的自由自觉的活动变成了维持其肉体生存的手段，从而造成了人的类本质与人相异化，即人的类本质变成了人的异己的本质，人变成了丧失类本质的人。这样人的自然本能就成为人的生存目的，动物性的东西就成了人的本质。也就是说，人只有在满足自身的自然本能时，才会感觉自己是个人，而在需要实现人的机能时，则会感觉自己是个动物。

最后是人与人相异化。人与自己的劳动产品、自己的劳动这种生命活动、自己的类本质相异化之后，就把自己由生存的目的变成了生存的手段。这样人自然也会把他人当成自己谋取利益的工具，从而导致人与人之间的分裂、对立、疏远和隔离，也就是人与人相异化。由于劳动者所失去的一切，正是资本家所占有的一切，因此资本主义制度下的一切异化都会通过一种社会关系表现出来，这种社会关系就是剥削与被剥削、压迫与被压迫的关系，即资产阶级与无产阶级的阶级关系。

马克思通过异化劳动理论，深刻地揭示了私有制与人的本质之间的对立冲突，进而提出了"扬弃异化劳动""消灭私有制""实现人的解放"的时代课题。在此基础上马克思指出，在人类获得解放的共产主义社会，异化劳动将被消灭，人的本质将回归，人与自然、人与社会将实现和谐统一，人与人之间也将重回诚信、友善、融合的关系，人将实现自由全面的发展。

《手稿》是马克思实践哲学创立的开端。马克思在《手稿》中借由分析异化劳动找到了全部历史发展的根据，并开始用生产劳动去解释人的历史发展。但在这时，马克思哲学还带有费尔巴哈哲学的浓厚色彩，对历史的分析主要还是从人本主义的原则出发的。自此以后，马克思逐渐以生产劳动为主线考察了历史发展的具体过程，并创立了建立在实践基础上的唯物史观。

1845 年，马克思撰写了一篇旨在批判费尔巴哈的直观的唯物主义的文章草稿，后经恩格斯整理形成了《关于费尔巴哈的提纲》，并作为《德意志意识形态》一书的纲要，恩格斯称其为"包含着新世界观的天才萌芽的第一个文件，是非常宝贵的"①。《德意志意识形态》是唯物史观创立的标志。在《提纲》中，马克思已经完成了对新理论的构思；在《德意志意识形态》中，马克思以实践和生产劳动为基础详细展开论述，深入分析了人与自然、人与社会、思维与存在以及理论与实践的关系问题。

首先，关于人与自然的关系。马克思对费尔巴哈的直观性的态度进行了批判，认为自然界不是与人无关的，而是与人的活动联系在一起的，人所生活的世界是人类活动改造的结果，从而突出了人的活动这一主体性原则以及人对自然的能动性改造，同时批判了唯心主义只讲精神能动性的错误。

其次，关于人与社会的关系。马克思认为，市民社会是全部思想的、政治的上层建筑的基础，所以对市民社会的分析必须从生产劳动的角度出发。同时，人不仅是历史的创造者，也是历史的参与者，历史的发展是合规律性与合目的性的统一。

再次，关于理论与实践的关系。马克思认为，实践是全面认识的基础，认识是实践的一个环节，认识过程与实践过程一定程度上是同构关系，认识活动是实践活动的内化，实践是检验认识的真理性的唯一标准。

复次，关于人与人之间的关系以及对人自身的认识。马克思指出，必须从实践的角度出发予以研究，并且认为人的本质是具体的、可变的、现实的，不是一成不变的抽象物，而是实践活动的结果。所以，在现实性上人是一切社会关系的总和。人所形成的社会关系是随着实践活动的变化而变化的，实践构造了人和人类社会，人的本质也是随着实践的内容而不断发展变化的。

最后，马克思说明了实践哲学的立场、性质、作用。实践哲学的落脚点是社会中的人，而不是社会，即它是无产阶级的人类解放的立场的体现，它的作用不是解释世界，而是改变世界。因而，它的性质是批判和革命。

总之，《提纲》所阐述的实践哲学构思以及随后完成的《德意志意识形态》所叙述的唯物史观，标志着马克思实践哲学理论的创立。

---

① 《马克思恩格斯选集》（第四卷），人民出版社 1995 年版，第 213 页。

二、马克思实践视域下的正义观是一种总体性正义观

马克思实践视域下的正义观是在既定社会中处理整体的人类关系的依据，旨在考察这些关系如何促进或者阻碍人的理性、自我意识和自由的发展，因此马克思的正义观融合了伦理学理论。马克思没有把伦理学限定为一种单纯基于物质商品的经济分配的正义理论，而是把伦理学当作对生产领域的分配、组织问题和对一切人类社会关系整体的必要考量。马克思正义观的前提条件就是对私有制的批判，并在发展生产力的基础上解决物质资料匮乏的问题。马克思对资本主义的谴责可以从两个角度来看。从经济学角度来看，马克思认为资本主义在生产上不合理、无效率，因为它摧毁了实现一个自由民主社会的共同体基础。而真正的经济制度的最现实的、最简单的意图，应该首先满足人的生存需求并为此提供物质条件，这对于个体的精神和理智需求的进一步发展而言是必要的。从社会生产关系的角度来看，以经济制度为主要基础的社会制度的目标应该是人的类存在、人类的社会交往、创造、共同体、友谊等需求的满足以及人的整体德性的提升。

正义不仅仅是一个关乎市民社会的政治制度和人的权利的问题，也不仅仅是一个关于劳动、需求、分配的问题，正因如此，马克思的正义观处理的是个体与社会的终极目标问题，即人的美好生活的本质以及社会的共同福利和幸福的实现。这包括了在社会对个体的教育和发展基础之上的人的潜能的真正实现，即人的真正的全面的自由解放。这表明马克思将生产劳动融入了实践的视域中。在亚里士多德看来，实践是一种德性的实现活动，是行为和道德选择的最终善，实践的理性是"明智"，也就是善于筹划对自身善及总体善有益的事。实践不以外物为目的，实践活动本身就是完满的目的。实践是自由的、无条件的人的活动。在慎重考虑了善的概念并拒斥了作为善的生活的最终形式的快乐和财富之后，亚里士多德最终选定了关于实践和理智活动的德性生活。这种德性生活是自足的，而不再是其他某个目的或意图的手段，它在其自身和关于其自身方面是终极的。因此，善的生活或幸福被等同于一种在个体灵魂的发展过程中关于德性的、

理性的互动，并作为潜能潜藏在每个个体之中。在一个正义的社会中，德性的个体不仅要在自身当中实践理性，而且要在与政治共同体的其他成员的相互关系之中实践德性。正是在这个社会里并且通过这个社会，个体才能成为真正的个体，才能充分实现其潜能和自由。马克思吸收了亚里士多德关于伦理、实践等的观点，从而为他的思想提供了底层支撑。

马克思的正义观涉及伦理学、政治经济学观点和社会解放理论等，是一种总体性的正义观。马克思从最初的宗教批判到政治批判，再到经济批判，是基于一种伦理学的考虑，旨在重建个体的道德的优先性。无论是早期在宗教批判中对一个独立存在的信仰的批判，还是晚期对资本主义经济制度本质的批判，马克思批判一切形式的偶像崇拜和拜物教，因为在他看来，在宗教以及资本主义社会中个体在形而上学体系中迷失了。马克思力图将人的本质复归于人，也正是在对资本主义的经济批判中，马克思思想的核心与关于人的尊严和自我决定的伦理问题实现了统一。资本主义经济理论把资本主义生产关系看作自然关系，并且认为由于它是与自然规律相符合的，因此资本主义生产关系不受时间的影响，成为永恒的法则，将永远统治社会。然而在马克思看来，资本主义不过是社会生产的一种历史形态而已。

考察亚里士多德的正义理论更能彰显马克思的正义观的伦理学意蕴。在亚里士多德的古典伦理学中，其正义理论紧紧围绕人的有德性的活动、实践智慧、友爱、幸福、善的生活以及国家的政治体制展开。事实上，对正义本质的探讨根本不能脱离道德理论、政治理论和经济理论，这是关于人性及善的生活的思考的主要方面，关乎人类生存的意义和目的等根本问题。但是，把伦理学、政治经济学观点和社会解放理论整合到一起，又引发了更深层的问题，这个问题关联着人的存在、发展及自由平等的社会的构建。所以在实践视域下，马克思从人的类存在本质出发，考察了资本主义的剥削本质和共产主义的自由维度，明确了从政治解放到人类解放的道路。

伦理学处理的是个体在一个善的社会中的道德和政治品格的发展问题，亚里士多德的正义概念也涉及了今天我们称之为"元伦理学"或者"社会理论"的部分。元伦理学以批判的形式面对所有其他的伦理学理论，对道德和不道德的含义到底是什么、正义和非正义的评价标准到底应该怎样等基础性问题进行了理性探讨。元伦理学旨在通过对人的德性活动、政治决断等的分析，进而做出一定的社会制度安排来助力人的自我实现。在社会解放问题上，马克思实际上全面发展出了一套完整的元伦理学理论。在马克思看来，作为道德和类的发展的前提条件的政治、经济和文化制度的安排，对人的潜能的实现至关重要。因此，正义的实现应当被置于现实的物质生产和经济关系的历史生成维度中，以人的自我实现为价值导向，并要尊重历史发展的基本原则。

综上可知，马克思阐述了权利原则、分配原则、需要原则的自我否定和内在扬弃，从而形成了以生产方式为根基的历史性的、整体性的正义序列。就这个意义来讲，马克思的正义观是一种总体性正义观。

第二节 马克思实践视域下正义观的主要内容

一、马克思正义观的批判性前提：颠覆私有制

马克思运用劳动价值论分析指出，劳动者是劳动的主体，理应是其劳动行为所创造的物质利益的实际拥有者，但是在资本主义社会，劳动者的劳动却是异化的，他的劳动行为不受自己支配，他生产的劳动产品不归自己所有，他的人之为人的自由本质完全是受限制的。劳动者不仅不是富裕的，反而是异常贫困的，甚至遭受着资本家惊人的奴役。在私有制下，劳动者根本无法摆脱受压迫、受奴役的命运。马克思通过对私有制下人的异化劳动的深刻批判，指出必须消灭剥削和私有制，消灭异化劳动产生的根源，即实现共产主义，才能真正实现正义，才能实现每个人的自由的、全面的发展。

马克思的正义观首先是一种批判性理论，批判性也是马克思正义观的首要特性。正是因为社会现实环境无法满足正义的要求，同时以往的哲学家所探讨的正义也无法在产生了已有正义观的社会环境中实现，马克思才

开始批判已有的正义观，批判将正义理念绝对化、真理化、抽象化。正是在对已有正义观的批判中，马克思触及了正义的现实根源，并在批判的同时寻求消除非正义的现实道路。在批判中，马克思建构起了其正义观的总体性理论架构，包括社会生产关系、异化劳动的本质及其消除，基于抽象劳动和剩余价值的资本主义生产方式的过度生产、消费不足以及利润率下降等宏观经济状况的消解等。从中可以看出，正义这一价值的价值根植于马克思思想之中且从未被抛弃，尽管他没有像柏拉图、休谟等人那样以一种传统的哲学方式明确地从政治哲学的角度提出系统的正义理论。

从正义思想的发展脉络可以看出，哲学家们往往将正义与"应得"联系在一起，在对公认好的一类物品的具体分配中，正义作为调节多方利益的尺度被最终所依赖。但是，如果根据应得原则对这类物品进行分配，那么给予应得者其所应得的部分就是合乎正义的，相反，应得者没有得到其所应得的部分则是非正义的。于是，从亚里士多德、休谟、罗尔斯到霍布斯、戴维·米勒，正义就被逐步定位于必须满足应得者得到其所应得的。在他们看来，进行真正的应得判断时，应得提供了"应当具有"的根据，而应得的要求则是从制度性的规约中获得保障的，因为只有在已有制度的规约下，才有可能存在人们应得的各种利益的具体的分配方法和分配去向。在这里，应得占据了行为规范的主导地位，所以这种正义理论就是一种"应得正义论"。

由上文可知，应得正义论强调应得是资源分配的依据，即人们根据应得原则对资源的分配进行判定，并通过考察某人或某群体的现实表现，如业绩、行为等因素对现实表现好的进行更加积极的分配。至于应得之"物"到底为何，米勒指出："诸如收入和财富、工作和教育机会、医疗保健等等此类的资源的分配是任何（社会）正义理论所关心的重点。"[①] 值得强调的是，分配的资源不仅仅是公认好的资源，还包括那些公认坏的资源，这样利益和负担就联手进入了分配领域。同时，分配对象也不是一成不变的，一定是具有历史性的，即人们在不同的时期所认可的分配之物是不同的，而资源在人们心目中的价值也是随着时代的发展而变化的，并不是固定不变的。那些所谓好的资源，仅仅是指在一定时间跨度内、一定领

---

① ［英］戴维·米勒：《社会正义原则》，应奇译，江苏人民出版社 2008 年版，第 13 页。

域内人们共同认为有价值的资源，超出这个界限的，就不一定称之为好了。可见，应得正义论强调的应得之物也是十分模糊的。

按照应得正义论，"当制度是得体的时候，应得的标准就得到确定，而当人们得到根据这些标准该得的东西时，正义就实现了"①。也就是说，应得正义论首先要求必须在既定的制度模式下，才能谈及应得的可能性及其是否正义。可见，这必然要求在现有的私有制基础上对物质财富和利益进行分配。但在最根本的经济制度已然是不平等的情况下，私有财产的分配必然也是不公平的。在私有制社会，必然会有发布命令的人和服从命令的人，也必然会有财产用不尽的人和根本无法满足最基本的生存需要的人。所以，应得正义论的存在本身就是为了掩盖这种最彻底的不正义，就是为了解释在财产存在极大差异的阶级社会，虽然人的起点不平等，分配也不平等，但现存的社会制度却是公平的。可见，无论思想史上的正义理论如何演变，在不平等的私有制的前提下来探讨应得正义永远是各种正义理论的出发点始终没变。换言之，正义思想史上的"任何正义理论的核心问题都是对于人与人之间不平等关系的辩护"②。正因如此，在私有制社会，在广泛存在政治和社会地位不平等，尤其是经济资源的支配地位存在巨大不平等的情况下，那些建立在应得基础上的正义理论必然都是有问题的。

马克思的正义观超越了应得正义论。马克思认为，资本主义的所有罪恶产生的最后的落脚点都是私有制，私有制正是人产生异化的根源。在批判私有制时，他曾辛辣地指出："私有制使我们变得如此愚蠢而片面，以致一个对象，只有当它为我们所拥有的时候，就是说，当它对我们来说作为资本而存在，或者它被我们直接占有，被我们吃、喝、穿、住等等的时候，简言之，在它被我们使用的时候，才是我们的。"③ 也就是说，在私有制下，人的劳动所创造的一切都变成了进一步地积累和拥有财富的一种手段而已，而非人的本质力量的自我表达。马克思坚决地批判私有制及其带来的人的异化问题，指出除了经济积累之外，人还有其自身的社会需求。

---

① ［英］戴维·米勒：《社会正义原则》，应奇译，江苏人民出版社 2008 年版，第 170 页。
② ［英］布莱恩·巴里：《正义诸理论》，孙晓春、曹海军译，吉林人民出版社 2004 年版，第 3 页。
③ ［德］马克思：《1844 年经济学哲学手稿》，人民出版社 2014 年版，第 81 页。

因此，私有制是必须要消灭的，共产主义实现的必然性正是在于个人在道德上必然要求发展更高层次的精神性需求，而这在资本主义社会是根本无法实现的。

马克思在《共产党宣言》中论述道："共产主义的特征并不是要废除一般的所有制，而是要废除资产阶级的所有制。"① 那么，为什么要废除资产阶级的所有制？就是因为资本主义制度是以私有制为基础建立起来的，而私有制的存在导致了剥削者与被剥削者之间的阶级对立，导致了人的地位的不平等。这也就是马克思说"共产党人可以把自己的理论概括为一句话：消灭私有制"② 的原因。由此可以看出，马克思以间接的方式批判了资本主义私有制的非正义，指明了资本主义社会的阶级对立和剥削压迫等罪恶现象，进而提出了他的正义理论的批判前提。在应得正义论还在既有的社会制度中、在既有的经济关系下谈论正义的原则、秩序及道德的完善时，马克思早已明确，必须对应得正义论的前提进行深刻的批判并彻底地予以颠覆。

承认私有财产的合法性，是应得正义论全部理论的出发点，旨在阐释保护私有财产的私有制才是正义的。但是，马克思则对私有财产和私有制的合法性进行了毫不留情的批判，从而将应得正义论的根基——私有制彻底地揭露出来了。在资本主义社会，对于私有财产的单纯所有或拥有的行为，成为展示个体具有社会性的唯一手段。这种对私有财产的追求完全是人为的、异己的，只能造成个体自身的麻木，因为对私有财产的追求成了资产阶级进行社会支配和控制的另一套机制，而非个体自由的表达。现代经济体系所创造出来的对金钱的追逐更是产生了普遍性的剥削，并且遮蔽了人与人之间的社会交往行动的真实基础，制造了社会普遍的非健康的欲望，进而导致了以工人为代表的无产阶级像野兽般蒙昧。

马克思之所以拒斥应得正义论等已有的正义观，是因为这些正义观在未加分析私有制形态的情况下就将生命、自由、平等以及对私有财产的应得等视为正义的表达。马克思的正义观要求消灭私有制，消灭资产阶级所惯用的虚假的平等、自由等理念，真正实现人的全面发展。这必然要求在

---

① 《马克思恩格斯选集》（第一卷），人民出版社 1995 年版，第 286 页。
② 《马克思恩格斯选集》（第一卷），人民出版社 1995 年版，第 286 页。

人所处的共同体中通过人与自然的危机的真正解决、人的社会本性的真正表达来实现。马克思的正义观同应得正义论的主要区别在于，应得正义论讨论的是对现有社会环境下应得之物的分配问题，而马克思的正义观则认为在现有社会环境下讨论分配问题毫无意义，因为现有社会环境产生了非正义，只有消灭已经形成的分配制度和分配体系，人的潜能才能得到最充分的发展，这才真正符合正义的内涵要求。

马克思的正义观是在继承和批判前人的正义思想的基础上发展、完善起来的。他通过研究其所处时代的国民经济学发现，它从私有财产的事实出发，对私有制社会条件下的社会财富的运转过程进行了抽象化，并以此作为社会资源运动的规律，但却没有解释清楚这些规律是如何从私有财产的本质中产生出来的。马克思之所以考察国民经济学，是因为人的异化的根源不在于宗教和政治，而在于经济关系。他认为，国民经济学不能解决这一问题，它只是解释社会生活，却又不了解社会生活本身。马克思深刻批判并超越了国民经济学，同时对所谓的永恒私有制进行了彻底的批判。在批判私有制的基础上，马克思重新建构了研究正义问题的应有逻辑线索：已有的建立在私有制基础上的正义分配问题应当降为正义理论考察中的非必要问题，而需要考察的首要问题应该是对私有财产本身正义与否这一最为根本的问题的讨论。

马克思通过研究亚当·斯密等人的古典政治经济学，深刻揭示了资本主义社会的异化本质，明确指出了资本主义的反人道主义本质，即资本主义的非正义性。在《资本论》中，马克思全面地、系统地考察了资本主义经济活动的全过程，他的经济批判的全部立足点就是正义关怀，并以此为基础阐明了具体的经济过程不是目的，而是手段。可见，马克思的正义观实现了正义思想史上的伟大变革，实现了正义思想的前提的根本转换，即从彻底批判私有制入手。

二、马克思正义观的首要条件：通过生产劳动解决物质资料的匮乏问题

马克思并没有以独立的论著来阐释自己的正义思想，从某种意义上

说，在谈到正义时，他是将其作为否定性概念来使用的，对非正义现象的否定。马克思的正义观正是在对资本主义非正义现象的揭示中逐步形成的，马克思在彻底批判资本主义正义的所谓永恒性、揭露其局限性的同时，实现了正义理论前提的转换，并由此形成了具有变革意义的正义观。摆脱了以往的思辨正义观的局限性，马克思的正义观从现实的人的具体实践活动出发，主张消灭阶级、消灭剥削、消灭私有制，消灭人的异化劳动并回归对象化劳动，进而实现总体性的人的生成并使人得到真正的解放。马克思认为，人的实践活动归根结底是人类的生产劳动，人类的全部历史就是人的劳动的发展史，人在有目的的劳动的过程中也在改造自身生存的世界。

正如休谟所指出的，"正义只是起源于人的自私和有限的慷慨，以及自然为满足人类需要所准备的稀少的供应"。可见，正是由于人所处的环境中的资源是有限的，所以为了让这些有限的资源能够满足人的不同发展需要，正义就显得有用且必要。马克思认为，人的生产劳动是改造生存环境、解决物质资料匮乏问题的唯一途径，同时还是人的本质力量的确证，也是人存在和发展的物质前提。生产劳动创造了人本身，促进了人的思维意识的进步。人类的劳动能力不断提高，使得人的活动范围不断扩大。随着对自然的认识不断深化，人从对自然的依赖、恐惧中走出来，而建立在蒙昧基础上的宗教神学正义观也逐渐失去了其魔力。随着资本主义剥削的不断加深，资本主义社会化大生产造成的人对物的崇拜致使资本主义正义观开始破产。为此，马克思在考察历史发展的过程时明确指出资本主义并不是历史的终结，而是历史发展的一个环节，随着生产的进一步发展，人的劳动样态也将发生根本性转变，自由联合劳动必将取代奴役劳动。届时，人通过劳动创造的物质财富将会打破私有制的限制而为全社会所有。

马克思正义观的首要条件就是人的生产劳动。劳动者是劳动的主体，也是生产力发展的动力之源，生产劳动的不断发展促使生产关系发生彻底变革。这将使生产劳动最终摆脱异化状态，成为完全是为了人自身的发展的生产劳动。同时，劳动工具的更新改进也逐渐提高了生产力的水平。人类在发展的初期，生产力水平是极其低下的，当时人们使用的生产工具是手工工具。手工工具是人的肢体的延长，其主要作用是促使了人与自然的分化。由于人主要依靠自然本有之物而生存，所以这一时期农业是主要的生产部门，但生产的物品并不多。自给自足的自然经济成为这一时期占主导地位的经济形式。这一时期，社会还没有完全分化，人主要处在自然形成的群体关系之中。自工业革命以来，社会生产力得到快速发展，人类的生产生活发生了重大变革，人类开始走上现代化发展道路。工业化使人类升级甚至摆脱了手工劳动，机器生产使人类不必再过多消耗体力，这既增强了人类改造自然的能力，加快了人类改造世界的速度，也使人与自然的关系发生了变化，即逐渐从对自然的客体依赖走向主体占有。人开始依靠自己的造物而生存，而生产工具的发展和完善则使劳动分工日益精细化、专门化，这就为科学技术在生产领域的应用创造了条件。同时，生产的日益社会化也使得人们更多地选择了分工协作，从而产生了真正意义上的社会分工。

机器生产的普及改变了生产的目的和经济运行的方式，使得商品经济代替自然经济成为经济运行的主导方式。机器生产必然同商品经济联系在一起，商品经济具有平等、自由的本性。商品是天生的"平等派"，交换只能按照价值规律等价进行。这是同一切特权关系、血缘关系、门第关系不相融的，所以为人的独立自主奠定了现实的基础，也为事实上基于私有制而产生的不平等提供了参照，同时还促使了人们的正义观念不断发生变革。商品经济具有自由的本性，要求交换必须在自愿的基础上进行，因此生产者能够在一定范围内自主支配自己生产的商品。商品经济以商品为媒介，使人与人的关系变成了物与物的关系，打破了传统的农业文明对人的依赖这一关系范式，形成了对物的依赖，同时也改变了农业文明时期人的活动方式，导致了人类历史发展过程中个体和类的分化。

对生产力的历史考察使马克思坚定地认为，高度自动化的机器将会再次带来生产力的巨大发展，而先进的生产力又将会创造巨大的社会财富，到了那时社会就能为人的劳动的解放提供坚实的物质基础。然而，如果现存的生产关系不能适应高度发达的生产力，就会被新的生产关系所取代，到了那时新的社会形态将会从资本主义社会的母体中出现，它就是共产主义社会。总之，由于马克思的正义观追求的是人的全面解放，所以必然要求从物质生产的实际出发，由社会化的大生产提供丰富的物质准备。

三、马克思正义观的复合结构：在应得正义论之上的超越正义理论

马克思立足于人的生产劳动，在实践视域下实现了正义观的巨大变革，与其他正义理论相比，拥有超越性理想是马克思正义观的显著特色。比如，与应得正义论相比，马克思的正义观既蕴含着对于应得正义的理解，又在此基础上实现了超越。马克思认为，现存的资本主义社会必将被超越，未来的社会必将是共产主义社会，资本主义社会的正义只是特定限度内的正义，最终必将被更高的正义所替代。

历史唯物主义是马克思哲学的基础和核心，它始终坚持从现实的物质条件出发去研究社会历史，认为建立在人类生产上的社会历史是从低级走向高级的，而人类社会的形态也随之不断发生变革。

马克思的正义观是历史唯物主义的结晶。按照历史唯物主义的逻辑，资本主义社会在超越封建社会的过程中，尤其是在特定的历史时期也曾发挥过积极的作用，但当资本主义生产关系不能适应生产力的发展时，它的消极作用就日益凸显出来了。资本主义在其发展过程中伴生了诸多价值，正义就是其中之一。作为一种价值，正义的发展变化与社会历史的发展变化是一致的。不同于思辨正义观更多地从道义、人性出发来说明正义问题，马克思的正义观认为道德是与社会伦理学、政治经济学和政治哲学结合在一起的，强调通过变革使人成为社会制度的创造者，并保证人的潜能的真正实现。在马克思看来，思辨正义观本质上是一种建立在私有制基础上的价值观念，并且是与一定历史时期的特定阶级的利益相联系的。而马克思正义观的出发点则是消灭阶级对立的社会制度，因为在阶级存在的历史条件下谈论正义，只能转移人们对阶级剥削、阶级压迫的关注。只有在消灭了阶级、消灭了私有制的共产主义社会，才能实现人的道德品质的全面发展，人类才能获得真正解放。

马克思的正义观强调社会生产关系的变革和社会公共领域的创造，视野更加广阔，体系更加完备，全面超越了应得正义论，是一种普遍意义上的正义理论。在完成了唯物史观变革后，马克思不是像应得正义论那样将私有制和私有财产的存在作为前提来论证收入和财富如何按照应得进行分

配，而是对应得正义论的前提进行了彻底批判和颠覆。应得正义论认为，私有财产才是私有者的应得，所以必然得出私有者拥有私有财产的制度才是正义的。马克思通过揭露私有制的罪恶阐明了私有制是一切剥削、压迫的根源，并指出只有彻底消灭私有制和私有财产才能实现正义。如此马克思就颠覆了应得正义论的立论前提，并从根本上否定了在私有制下私有者对私有财产原有的应得关系的正义性。

应得正义论是在异化劳动状态下讨论正义问题的，因为应得正义是以劳动产品的交换为前提条件的，这样劳动本身就成了衡量产品交换的尺度。马克思在《哥达纲领批判》中所讨论的共产主义社会则呈现出截然不同的样貌：共产主义社会处于初级阶段时，将出现由人的平等的劳动权利造成的劳动结果的差异，此时社会实行按劳分配原则；共产主义社会发展的高级阶段时，劳动不再是人谋生的手段，社会将实行按需分配原则。关于按劳分配和按需分配这两个最贴近正义原则的分配方式，马克思认为，按劳分配体现了现实性的正义原则，而按需分配则体现了超越性的正义原则，两者处于由低到高的发展序列，不仅符合逻辑维度而且符合历史实践维度，因为它们分别对应了不同的历史阶段和社会生产力水平，是正义原则的不同历史形态。从马克思为人类擘画的共产主义图景可知，到了共产主义高级阶段，由于生产力高度发达，物品极大丰富，交换劳动产品已经没有意义了，所以应得正义也就毫无用处了，这时一种新的事实上的正义原则，即按需分配原则就真正实现了。就这个意义来说，马克思的正义观是一种超越性的正义观，既超越了资本主义私有制下异化劳动的应得正义，又超越了社会主义公有制下对象化劳动的应得正义，是追求人的解放的超越性正义观。

四、马克思正义观的现实指向：实现人的真正自由

马克思认为，在存在阶级剥削的社会中，经济基础的阶级性决定了正义的阶级性，由于以往的社会制度建立在私有制的经济基础之上，所以要想实现正义，就必须消灭私有制、消灭剥削、消灭阶级，对现存的社会制度进行彻底变革。换言之，"真正的自由和真正的平等只有在共产主义制

125

度下才可能实现；而这样的制度是正义所要求的"。正是由于生产力的快速发展，超越了私有制的界限，所以当现存的社会制度不再适合生产力的发展的时候，生产力必将冲破私有制的外壳，寻求能与其相匹配的社会制度，而其也必然会转向生产资料公有制这一蕴含更大潜力和发展空间的社会制度。社会制度的主要功能就是调整整个社会资源的分配，当生产资料由私有制转向公有制时，分配方式也将随之发生变革，正如马克思所说，"随着历史上一定社会的生产和交换的方式和方法的产生，随着这一社会的历史前提的产生，同时也产生了产品分配的方式方法"①。

共产主义社会由于其生产力发展水平的差异，可以分为两个发展阶段，即共产主义初级阶段和共产主义高级阶段。共产主义初级阶段实行"按劳分配"，而共产主义高级阶段则实行"按需分配"。共产主义初级阶段是"刚刚从资本主义社会中产生出来的，因此它在各方面，在经济、道德和精神方面都还带着它脱胎出来的那个旧社会的痕迹"②。在共产主义初级阶段，劳动者的所得是由其劳动量来衡量的，就像马克思所设想的，劳动者"根据这张凭证从社会储存中领得一份耗费同等劳动量的消费资料。他以一种形式给予社会的劳动量，又以另一种形式领回来"③。可以说，这种分配方式具有一定的公平性，因为不同的劳动者在同等的劳动条件下，可以按照他的劳动付出获取相应的劳动所得，从而避免按照资本的多少进行分配的剥削的产生。但是，劳动者的劳动能力是存在差异的，如身材的高低、力量的大小及先天基因的优劣等都会造成劳动者的劳动能力的差异，而遭受意外、患上疾病等原因也会导致劳动者的劳动能力相较之前有所不同，如果再考虑到教育这一因素，则劳动者的劳动能力更是会出现较大的差异。凡此种种，都会导致衡量劳动者劳动所得复杂化。就拿教育来说，其实教育本身并不能赋予劳动者更高的收入，但是教育可以赋予劳动者在要求更高和责任更重的岗位上工作的能力，这就意味着提高了劳动力的质量，而劳动者分配到的劳动所得相应地也会提高。应该承认，无论是从资源来讲还是从机会来讲，教育在事实上都是不平均的，这必然导致劳

---

① 《马克思恩格斯选集》（第三卷），人民出版社 1995 年版，第 490 页。
② 《马克思恩格斯选集》（第三卷），人民出版社 1995 年版，第 304 页。
③ 《马克思恩格斯选集》（第三卷），人民出版社 1995 年版，第 304 页。

动者在事实上是不平等的。可见，建立在衡量劳动者的劳动量基础上的分配原则必然是有问题的。

可以说，按劳分配只是借由劳动者的劳动这一行为实现了分配形式上的平等，但是由于劳动者的劳动素质存在差异，所以必然允许劳动者存在不同的工作能力，由此必然造成事实上的不平等。这就是马克思所说的，"劳动者的不同等的个人天赋，从而不同等的工作能力，是天然特权。所以就它的内容来讲，它像一切权利一样是一种不平等的权利"。按劳分配要求用同一的尺度去衡量不同的个人，可见由于它从资本主义母体新生而出还带着资产阶级所要求的权利平等的特性。当然，按劳分配从形式上看遵循了资产阶级所要求的平等原则，但从实践上看却体现了鲜明的社会主义公平分配的要义，"因为在改变了的情况下，除了自己的劳动，谁都不能提供其他任何东西，另一方面，除了个人的消费资料，没有任何东西可以转为个人的财产"①。也就是说，按劳分配是建立在公有制基础上的，与建立在资本主义私有制基础上的按资分配存在着本质上的不同。

在共产主义初级阶段，社会财富积累还没有达到完全满足人和社会自由发展的程度，因此必然要求一种适应当时生产力发展水平的分配原则，这就是按劳分配原则，无须讳言，它只是一种过渡性的分配原则。随着生产力的不断发展和提高，在社会资源极大丰富的共产主义高级阶段，按需分配原则将取代按劳分配原则，以适应生产力发展的要求。

在共产主义高级阶段，异化劳动被彻底消灭，劳动成为人的本质力量的确证，不再是人谋生或者获得必要的生产生活资料的手段，而是人本身的第一需要。随着个人的全面发展，劳动分工消灭之后，人可以按照自己的意愿从事自己想要的、能胜任的任何劳动，恰如马克思所说的那样，"上午打猎，下午捕鱼，傍晚从事畜牧，晚饭后从事批判，这样就不会使我老是一个猎人、渔夫、牧人或批判者"②。

按需分配原则最初是由空想社会主义者提出的，在当时的历史条件下，恩格斯认为这只是一种不成熟的乌托邦构想，还对其进行了批判。不过随着科学社会主义的提出，马克思和恩格斯对这一原则进行了科学的改

① 《马克思恩格斯选集》（第三卷），人民出版社 1995 年版，第 304 页。
② 《马克思恩格斯选集》（第一卷），人民出版社 1995 年版，第 85 页。

造，使其从空想变为必将实现的现实。通过对社会历史的深入研究，马克思提出了实行按需分配的前提，这就是生产力高度发达，社会财富极大丰富。同时，社会成员可以在共同体中按照自己的意愿尽情地发挥自己的才能，在愉悦身心的劳动中完善自身、丰富自我。也就是说，人的个性和才能得到完全发挥，人的兴趣完全实现，人的自由、平等真正实现，人成为自己的主人。可见，实行按需分配原则的前提就是人类社会进入共产主义高级阶段。

"正义的目标不是经济平等，而是完全发展的、受教育的并且有自我意识的公民。"① 可见，良好的社会必然需要充分发展的个人，个人的充分发展也需要良好的社会条件，两者相互依赖，互为本质。从本质的关系来看，社会的本质在于它是人与人交互活动的产物，而人的本质则在于他是社会关系的总和。所以，在共产主义社会，"实践正义的结果是个体之善与社会之善，是一个正义的个体和一个正义的社会"②。

---

① ［美］乔治·麦卡锡：《马克思与古人——古典伦理学、社会正义和19世纪政治经济学》，王文扬译，华东师范大学出版社2011年版，第85页。

② ［美］乔治·麦卡锡：《马克思与古人——古典伦理学、社会正义和19世纪政治经济学》，王文扬译，华东师范大学出版社2011年版，第84页。

第五章　马克思正义观
与当代西方正义观

20 世纪 70 年代以来，社会正义逐渐成为政治哲学的中心话题，自边沁的功利主义提出并产生一定的影响后，正义观更多地表现为一种追求个人幸福、快乐的功利主义倾向。罗尔斯《正义论》的发表，不仅打破了功利主义政治理论体系，而且改变了西方学术界对社会正义的研究方向。自此，关于正义问题的探讨增加了新的因素，西方的正义观出现了几个流派，主要有自由主义正义理论的代表人物罗尔斯的分配正义观、多元主义正义理论的代表之一戴维·米勒的多元正义观和东欧新马克思主义正义理论的代表之一阿格妮丝·赫勒的超越正义观。

第一节　罗尔斯的分配正义观

在承受了中世纪的漫长黑暗统治之后，又经历了文艺复兴、宗教改革、启蒙运动和工业革命等重要历史时期的思想解放的改造，古希腊的理性已经降格为建立在经济理性基础上的工具理性，这是最低程度的理性概念，其内涵中伦理维度几乎缺失，善和恶变得中立。然而，工具理性冲破一切障碍，破除宗教、权威等的束缚，为资本主义经济的发展扫平了道路。

罗尔斯的正义理论实质上是一种契约论，但有别于传统的契约论，他的正义理论建立在道德契约论的基础之上。

传统契约论认为，人们自由地进行经济活动，人际关系是以契约为基础的，人与人、人与政府之间的关系都表现为契约形式，契约是一切权威和义务的根据。而任何对契约论的解说，也都承认契约概念是建立权威和义务的根本。现代西方意识形态最核心的部分，就是把所有的社会关系都看成是契约式的，而遵守契约是道德上和规范上的义务。也就是说，遵守已订立的契约，会产生相应的义务，如若不履行义务，就是违反了道德和规范。基于契约论建立的政治权威和义务，必须依赖一定的道德原则来得到保障。比如，当一个人自愿接受一个社会或这个社会的法律所提供的保障及利益时，就意味着他隐然地接受了这项契约，如此这个人就有道德义务去遵守自己所订立的契约，尽管是以隐然的形式。至此，这个人在政治上的义务就得以成立。

一、罗尔斯的契约论

传统的契约论多用来解决政治上的各种权威和义务问题，而罗尔斯的契约论则不同，主要处理的是社会正义问题，是关于"基本的善"① 这类物品的分配正义的问题。罗尔斯认为契约是一种"假设的契约"②，是他推导并建立正义原则时的重要考虑因素，并且指出"'契约'一词暗示着这种个人或团体的复数，暗示必须按照所有各方都能接受的原则来划分利益才算恰当。'契约'的用语也表现了正义原则的公共性"③。在考察正义问题时，罗尔斯还直接考察了处于"原初状态"中的人应该选择的正义原则。为此，他预设了人在"无知之幕"④ 下所处的原初状态："原初状态的观念旨在建立一种公平的程序，以使任何被一致同意的原则都将是正义的。其目的在于用纯粹程序正义的概念作为理论的一个基础。"⑤ 换言之，在假设的情境下，自利的人为了利益的增加，会选择彼此合作、共同建立社会。为此，他们会共同协商出一系列原则用以规定在未来的合作中可能出现的权利和义务的分配情况。

罗尔斯要证明的是处于原初状态的立约者，将会选择最大均等自由原则和差别原则这两个正义原则作为权利和义务的分配原则。在罗尔斯看来，立约者在原初状态下所订立的契约既不是明确的也不是隐然的。处于原初状态的立约者所要选择的是一组正义原则。之所以要做这样的选择，原因在于立约者认为虽然原初状态的各项条件都无法在现实生活中实现，但它们却是选择公正原则时唯一相关的一组条件，即使在现实中无法实

① ［美］罗尔斯：《正义论》（修订版），何怀宏、何包钢、廖申白译，中国社会科学出版社2009年版，第48页。

② ［美］罗尔斯：《正义论》（修订版），何怀宏、何包钢、廖申白译，中国社会科学出版社2009年版，第11页。

③ ［美］罗尔斯：《正义论》（修订版），何怀宏、何包钢、廖申白译，中国社会科学出版社2009年版，第13页。

④ ［美］罗尔斯：《正义论》（修订版），何怀宏、何包钢、廖申白译，中国社会科学出版社2009年版，第105页。

⑤ ［美］罗尔斯：《正义论》（修订版），何怀宏、何包钢、廖申白译，中国社会科学出版社2009年版，第105页。

现，仍然可以在思想中实现，进而在模拟的情况下推导出现实社会所必需的正义原则。至此，罗尔斯就把人们隐然地接受的正义原则用模拟的形式明确地提出来，同时把与正义原则不相关的因素去除了。这样最后的契约就是站在正义的立场上可接受的了。

罗尔斯提出"假设契约论"是为了确立一种不受任何偶然性因素干扰的普遍的正义原则，这里所说的偶然性可能是那些造成人与人之间的差别的外在的自然因素，也可能是人自身不同的天赋等因素。罗尔斯认为，由于契约本身不足以保证权威的成立以及人对明确的或隐然的义务的遵循，所以为了保证人对契约的遵循，必须假定一个道德原则的有效性，唯其如此，正义原则才具有稳定性。可见，罗尔斯试图用契约来推导出道德，即尝试建立基于道德的契约论，因为在他看来，只有在契约达成的过程中，正义的两条原则才能得到彰显，而在正义原则指导下的社会制度也才具有正义的特征和属性。

二、两个正义原则：最大均等自由原则、差别原则

罗尔斯在道德契约论的基础上，通过对意识进行深层结构的抽象提出了两个最普遍的原则，作为其正义理论的核心，即最大均等自由原则和差别原则。对此，罗尔斯论述道："处在原初状态中的人们将选择两个相当不同的原则：第一个原则要求平等地分配基本的权利和义务；第二个原则认为社会和经济的不平等（例如财富和权力的不平等）只有在其结果能给每一个人，尤其是那些最少受惠的社会成员带来补偿利益时，它们才是正义的。"①同时，罗尔斯也指出最大均等自由原则应在差别原则前，具有优先性。这就意味着如果只能在提高均等自由和增进经济利益两者之间选择其一的话，就必须优先选择提高均等自由，而不能以牺牲人的均等自由来换取经济利益。但是，罗尔斯又给这种优先附加了一个条件，这就是人的基本的需要得到满足，有余裕行使其基本自由之时。如果附加条件没有得到满足，则最大均等自由原则将暂时靠后。同时，罗尔斯也指出，当物质

① ［美］罗尔斯：《正义论》（修订版），何怀宏、何包钢、廖申白译，中国社会科学出版社2009年版，第12页。

极度匮乏时，正义的这两个原则将合并为一个原则，它有别于两个原则被称为特定的正义概念①，而被称为一般性的正义概念。这意味着"所有社会价值——自由和机会、收入和财富、自尊的社会基础——都要平等地分配，除非对其中一种价值或所有价值的一种不平等分配合乎每一个人的利益"②。当然，这一原则在现代社会的应用情况比较少见。

按照最大均等自由原则，所有人的基本自由都是平等的，那么哪些自由是人所共有的基本自由？对此，罗尔斯指出："重要的有政治上的自由（选举和担任公职的权利）与言论和集会自由；良心自由和思想自由；个人的自由——包括免除心理的压制、身体的攻击和肢解（个人完整性）的自由；拥有个人财产的权利；以及依照法治的概念不受任意逮捕和没收财产的自由。按照第一个原则，这些自由都应是平等的。"③ 可见，罗尔斯所言的自由与自由主义者所认可的自由相差不远，它们一直为各个时代、各个社会的人所追求，具有历史性。同时，它们还是人的其他价值追求的条件。自由是人类追求真理、美、正义等价值不可缺少的条件，只有在自由的环境中，人才能发展自身各方面的能力，进而真正实现人之为人的本质。因此，可以说罗尔斯所言的一系列自由是人的最基本的自由。自由主义理论大师以赛亚·柏林把自由分成两种，即积极的自由和消极的自由。所谓积极的自由，是指个体想把自己的行为和生活掌握在自己能够控制的范围之内的欲望，即"去做……的自由"；消极的自由是指个体想要拥有自己能够自由行动的范围的欲望，即"免于……的自由"。自由主义者一般认为消极的自由才是自由的本义，而积极的自由往往是对护国者而言的自由，是暴政的一种伪装。但无论如何，积极的自由和消极的自由都是自由这个概念不可或缺的要素，只不过两者强调的方面不同，前者强调人做某件事的能力，后者强调对人的束缚的解除。总的来看，罗尔斯倾向于消极自由的主张，认为束缚指的是法律所规定的责任以及明确禁止的事，消

---

① 特定的正义概念，在物质丰富水平达到一定程度的今天不断被用来探讨解决社会"基本的有用物品"的分配归属问题。

② ［美］罗尔斯：《正义论》（修订版），何怀宏、何包钢、廖申白译，中国社会科学出版社2009年版，第48页。

③ ［美］罗尔斯：《正义论》（修订版），何怀宏、何包钢、廖申白译，中国社会科学出版社2009年版，第47—48页。

极的自由最明显的特点就是对自由的考虑因素只停留在法律限制及社会压力等层面，没有考虑经济层面的因素，而经济因素才是造成社会压力的根源。况且，人的经济关系决定了财产权、转让权等经济权利的性质及归属，而特定社会中负责分配的部门就是通过税收以及财产权、转让权的行使等来调节分配结果的。

差别原则关注那些收入和财富最少的社会成员，主张从为社会弱势群体谋求最大利益的角度出发，进行社会基本结构和制度的安排。差别原则处理的是"基本的善"这类物品在社会中的分配问题，这类物品包括财富、收入、地位、机会、权利等。那么，对这些物品的不平均分配的依据是什么？这样分配怎么才会被人们所接受？对此，罗尔斯指出："我们要考虑有关差别原则意义的某种复杂性。……我们只是在必要的约束下最大限度地增加处于最不利状况的人的期望。……然而，差别原则还有另外一种意义，即当差别原则得到满足时每个人都会受益，至少如果我们作出某些假设的话是这样。"[①] 差别原则要解决的是人在社会与经济上的不平等应以什么原则进行分配的问题，按照差别原则，如果这种不平等能被接受，则它必须是对处于最不利的地位的人有利的，如此才能实现对整个社会上的每个人都有利的分配。

要实现对每个人都是有利的，就要从处于最不利的地位的人出发，提升处于不利地位者的实际地位，使其和社会上的其他成员的距离慢慢拉近，并尽量趋向平等。为此，内格尔提出了"迫切性优先制度"，试图解决罗尔斯所关注的平等问题。内格尔认为，人类的需求在被满足时有不同的紧迫程度，那些紧迫性较高的需求，是应该设法先予以满足的："用最简单的说法，每一个有着更迫切的要求的人，比每一个有着不那么迫切的要求的人优先。平等主义的道德平等就在于，在确定怎么样会是总体最好时，按照同一个迫切性优先制度，考虑每一个人的利益。"[②] 可见，社会分配必须最先满足人的最紧迫性的需求，然后再满足次要的，以此类推。由此可知，处于最不利的地位的人，就是那些其紧迫性需求获得较少满足的

① ［美］罗尔斯：《正义论》（修订版），何怀宏、何包钢、廖申白译，中国社会科学出版社2009年版，第62页。

② ［美］内格尔：《人的问题》，万以译，上海译文出版社2014年版，第118页。

人，而优先满足这些人的紧迫性需求正是平等这个概念的应有之义。至于哪些人才是处于最不利的地位的，罗尔斯指出："为了平等地对待所有人，提供真正的同等机会，社会必须更多地关注那些天赋较低和出生于较不利的社会地位的人们。"① 当然这种划分并不具体，要在现实中做到数量上的精确比较困难。

三、从原初状态到正义的社会

根据社会契约，全体公民都是平等的，所以凡是大家都应当做的事，就应由大家来规定，没有任何人有权要求别人去做他自己不愿意做的事。但在自然状态下，所有人都基于自然权利而享有充分的自由。正因如此，要建立契约论，首先就要对自然状态进行说明。换言之，所有契约论的起点都是自然状态。但即便如此，由于自然状态并不是由所谓的上帝强加给人类的所有条件的总和，所以不同的契约论对于自然状态的描述和规定有所不同。自然状态并非空白的一片，而是包含了无数的情状，因此在建构一种契约论时，契约论者必须从无数的情状中做出选择，把他认为是最相关的和最主要的条件挑选出来，从而体现为他对自然状态的描述和解释。在这一过程中，思考究竟什么才是人性中最重要的、最本质的部分以及什么是人不可逃避的生存条件，是最为艰难的工作。

罗尔斯认识到了自然状态对于契约论的重要性，以及建构这个理论概念时所能遇到的困难。对于社会正义如何才能实现，他提出了反思的平衡法，以此作为理论依据。在罗尔斯看来，对自然状态的描述和解释完成后，会形成正义原则，此时如果用这些原则来同人自身内部所做的基于反思的深思熟虑的判断进行比较，就可实现一种平衡。"通过这样的反复来回：有时改正契约环境的条件；有时又撤销我们的判断使之符合原则，我预期最后我们将达到这样一种对原初状态的描述：它既表达了合理的条件；又适合我们深思熟虑的并已及时修正和调整了的判断。这种情况我把它叫做反思的平衡。它是一种平衡，因为我们的原则和判断最后达到了和

① ［美］罗尔斯：《正义论》（修订版），何怀宏、何包钢、廖申白译，中国社会科学出版社2009年版，第77页。

谐；而它又是反思性的，因为我们知道我们的判断符合什么样的原则以及是在什么前提下得出的。"① 至此，罗尔斯就用反思的平衡法将自然状态描述为原初状态，它包含了许多条件，可以分为主观条件和客观条件。

主观条件是对立约者而言的，主要包括立约者的信仰、知识体系及立约目的，也可以说是自利动机，如想要得到什么样的具体利益等。在罗尔斯看来，立约者被"无知之幕"遮蔽，无从知道自己的信仰、兴趣、能力等，他所具有的只是普遍的知识及原则，因而他是理性的，当然这一理性是工具理性，即总是以最有效的手段去达到自己的目的。同时，理性的存在也让立约者不会轻易产生嫉妒，因为在"无知之幕"下，他面对的是"基本的善"这类物品，在谈判时能够知道自己所要的东西。

客观条件是就立约者以外的立约环境而言的，正如罗尔斯所指出的，"在正义环境中，他们和其他人同处在一个世界中，同样面临中等匮乏和冲突要求的限制。人类自由要按照根据自然限制而选择的原则来调节。这样，公平的正义就是一种人类正义的理论，它的前提包括有关人们及他们在自然中的地位的基本事实"②。

在中等匮乏的环境中，资源的稀缺性与人的欲望的无限性之间始终存在矛盾，为了更好地分配资源，理性的人们会通过订立契约求得以最小的代价得到最大的好处。在罗尔斯看来，原初状态下的人都是自由平等的，这也意味着以原初状态为出发点对大家都是公平的，因为没有人可以用任何方式取得任何比他人更有利的地位。也就是说，正义是建立在这个公平基础之上的。正因如此，罗尔斯也称其正义观为"公平的正义"③。

反思的平衡的起点是罗尔斯对道德的认识。他认为，在正常的社会环境中，人们都具有判断某一情况正义与否的能力，并会根据理性判断选择自己的行为，同时也希望他人的行为能够遵守这些判断。反思的平衡是罗尔斯道德契约论建构的最关键环节，是使社会契约通向正义原则的决定性

---

① ［美］罗尔斯：《正义论》（修订版），何怀宏、何包钢、廖申白译，中国社会科学出版社2009年版，第16页。
② ［美］罗尔斯：《正义论》（修订版），何怀宏、何包钢、廖申白译，中国社会科学出版社2009年版，第202页。
③ ［美］罗尔斯：《正义论》（修订版），何怀宏、何包钢、廖申白译，中国社会科学出版社2009年版，第3页。

方法。也正是因为反思的平衡法，罗尔斯的分配正义观才成为开放的正义理论，并可以自我完善。

第二节　米勒的多元正义观

作为自由主义理论的代表，罗尔斯循着西方政治哲学的传统提出了一种抽象的正义理论，旨在寻求普遍而有效的正义。但是，罗尔斯的正义理论受到了西方其他正义学派的反驳，原因是它没有考虑到社会关系的多样性和社会情境的独特性。由此，多元主义正义观应运而生。多元主义正义观关心人类生活的多样性和差异性，反对罗尔斯的正义理论。沃尔泽和戴维·米勒是当代多元主义正义理论的重要代表人物，但在早期，他们却被归于社群主义者，原因是他们也和社群主义者一样，很关注共同体的多种性及成员的资格，也希望通过对不同文化、不同群体的剖析解决分配正义的问题。不过，他们并不关心社会共同利益和共同善，拒绝承认社会共同利益在个人权利之上的观点，即不承认存在某种价值高于其他价值，不管此种价值是共同利益的性质还是个人权利的性质。另外，他们也排斥用一个普遍的原则不加区分地去规范所有群体的秩序。这就是多元主义同自由主义、社群主义的最根本的区别。多元主义不反对自由主义对个人权利的过度保护，但反对自由主义的普遍主义，而社群主义则对自由主义进行了改造。由此可知，多元主义的正义观既不同于自由主义的正义观，也不同于社群主义的正义观。

多元主义承认善与恶的问题是客观存在的，承认善具有普遍性，也承认善具有特殊性和不可通约性。多元主义不接受任何一种单一的价值作为理想。多元主义可以划分为价值多元主义、文化多元主义和政治多元主义。价值多元主义坚持个体或团体所追逐的价值目标的多样性，文化多元主义强调不同种族在国家中的独立地位，政治多元主义强调国家内部权力的多元化。

戴维·米勒从多元主义立场出发，对他的正义思想进行了详细论述，认为社会正义理念可以在总体上调节社会的公共政策及公民的一系列行为。米勒试图从分配正义的视角解决资源在社会成员间分配的问题。关于需要分配的主要资源，米勒指出："诸如收入和财富、工作和教育机会、医疗保健等等此类的资源的分配是任何（社会）正义理论所关心的重点。"当然，不能只分配好的东西，也要分配被认为是普遍差的东西。米勒认为，并不存在罗尔斯所说的"基本的善"这类物品，因为随着时代的变迁，人们对于物品的共识程度也会发生变化。同时，米勒也指出，作为分配的主体承担者，国家通过制定法律等规则，构建起分配秩序，可能会现实地导致社会正义或社会不正义。

一、三种社会关系模式

相较而言，米勒从更加具体的视角，在社会制度的构建及完善的意义上提出了具有可操作性的正义原则。首先，同罗尔斯一样，米勒也为其正义理论假定了一个前提。罗尔斯假定人们处于"无知之幕"下，而米勒则划定了正义理论的适用边界，即分配是在特定的共同体内部实施的。米勒认为，在成员彼此间的文化、规则等不同的共同体内，分配正义的确定难度极大，所以要谈论分配正义，就要在特定的共同体内进行。其次，米勒认为社会正义原则是现实社会制度构建的依据，能够指导人们的日常行为，同时也能现实地改变个体的生活方式，甚至影响个体的生活境况和未来发展走向。再次，米勒认为社会正义要求由相互依赖的部分组成社会，这种社会具有能够影响每个成员的发展前景的制度结构，而国家这样的机构则以公平的名义对不适当的制度进行审慎的改革。此外，正义原则要想实现由理论到现实的突破，就必须有实现的手段，以免正义理论流于空谈。

正是在这三个前提下，米勒划分了三类社群，即团结的社群、工具性联合体和公民身份。其中，团结的社群是人们基于血缘及共同生活的地缘等关系形成的共同体，"它存在于人们共享民族认同之时，而这种认同是由人们作为具有共同的民族精神的相对稳定的群体的一员来定义的"[①]。工具性联合体是以商品为媒介，人们在市场中通过经济交往彼此联系在一起

---

① ［英］戴维·米勒：《社会正义原则》，应奇译，江苏人民出版社2008年版，第32页。

的共同体。在工具性联合体中，人们凭借自己的工作获取所需的东西，同时把共同体内的同事看作其追求利益目标的竞争者或参与者。公民身份是指人们在国家中获得的基于法律保护的身份，它使公民同其他公民取得联系。

二、三个社会正义原则

米勒根据成员关系的紧密程度将复杂的人类群体进行了明确的划分，并提出了需要、应得、平等这三个社会正义原则，用以协调特殊共同体的利益分配。这也就是米勒所说的"把分配正义的标准运用到现存的社会安排中去"①。值得强调的是，米勒所探讨的分配正义是在既有的社会秩序的安排之下，而由于待分配的"基本好"和"基本差"之类的物品以及这些物品的分配规则会随着社会现实情况的改变而有所差别，所以米勒的分配正义也会随着社会现实的改变而做出调整。

在讨论基本的人类关系样式及相应的正义原则的时候，米勒认为家庭是团结的社群的典型代表，市场是工具性联合体的代表，国家是公民身份的代表，三者是社会正义的基本领域。在米勒看来，家庭是最小的社会组织，建立在血缘关系的基础之上。家庭作为人们交往与合作的初级群体，同因市场经济关系等而建立起来的次级群体相比，具有团结、稳定的特点。在家庭中，"人们之间产生相互理解和相互信任的面对面的关系，但它也能超出直接互动的群体，扩展到更大的圈子，这一圈子中的人们既是由亲戚关系或相互熟识，也是由共同的信仰或文化联系在一起的。……对大多数人来说，团结性关系主要存在于家庭之中"②。在家庭中，亲情是维系成员关系的主要纽带，因而成员关系是建立在天然的情感之上的彼此合作关系，这与竞争关系完全不同。家庭由于其稳定性而使成员间有着可靠的长期交往，进而发展出长期合作，而合作中的分工、地位、财富等社会化要素的影响也较小。基于此，米勒指出家庭作为一种特殊的社群，不能作为政治权利笼罩下的财产，而是社会分配正义必须讨论的范围。正是通

---

① ［英］戴维·米勒：《社会正义原则》，应奇译，江苏人民出版社 2008 年版，第 112 页。
② ［英］戴维·米勒：《社会正义原则》，应奇译，江苏人民出版社 2008 年版，第 32 页。

过对家庭的考察，米勒强调对于一个正义的社会来说，基本的制度结构安排"首先必须遵守需要原则，其次必须遵守应得原则，再次，必须遵守平等原则"①。

米勒认为，市场是建构正义社会的重要力量，但他不认同单纯依靠市场的自发程序的正义观，指出处理正义问题不能仅仅从程序上来执行。在米勒看来，社会制度结构的最基本样态即是市场，为此他提出了"合作制的市场社会主义"这一政治经济模式。在合作制的市场社会主义社会，工人与企业之间会建立一种合作规范，并在规范下确定和保护工人的自由及民主权利。工人的合作社就是生产企业，工人以其劳动情况获得其所应得，市场的运用必须遵循应得的正义原则。

米勒认为，国家从法律的角度确立了每个个体的公民身份和地位，国家的一系列制度均应在正义原则的指导下制定。这些制度以个体或者整体的形式存在，但无论以哪种形式存在都必然对社会分配造成影响。

米勒的三个社会正义原则并不是孤立的，而是相互交叉紧密联系的，同时也不仅仅针对某一特定领域，适用范围是普遍性的。在现实的多元化社会中，各群体在文化、生活、生产等方面的差异极大，因此迫切需要用一定的原则来调节涉及社会正义问题的冲突。虽然需要、应得、平等分别是适合团结的社群、工具性联合体和公民身份的主要正义原则，但实际上三个社会正义原则中的任何一个原则都会被应用于其他群体关系模式之中。也就是说，社会正义原则的正确应用必须以特定的社会情境为依据。

第三节　赫勒的超越正义观

阿格妮丝·赫勒是东欧新马克思主义的代表人物之一。赫勒回归古希腊哲学的伦理基础，深受康德伦理思想的影响，认为德性是人的意志的道德力量并具有充分的自主性，并在《超越正义》一书中探讨了德性对于正义实现的意义。赫勒分析了一般意义上的正义概念，探讨了公民在长时段的历史进程中追求符合正义的社会时，作为美德的良善的标准、意义及其

---

① ［英］戴维·米勒：《社会正义原则》，应奇译，江苏人民出版社 2008 年版，第 304 页。

实现的可能性。赫勒将已有的正义概念分为静态的正义和动态的正义，认为静态的正义要求将规范和规则持续不断地适用于社会群体内的每一个成员是难以实现的，而动态的正义所寻求的自由和生命的终极价值本身也是不可靠的。为此赫勒指出，"积极的和慷慨的善良总是超越了正义"①，正义的未来就是彻底超越正义，而公民道德作为良好公民的重要组成部分是超越正义的原动力，良善生活则是道德哲学的绝对出发点。可见，赫勒回到了古希腊的传统，通过重新诠释传统的价值观等级来区分良好的生活方式和不好的生活方式。

一、形式的正义概念

在考察正义问题时，赫勒将复杂的社会群体之间的关系简化为单个的社会群体内部的关系，用形象化的方式表达了形式的正义概念，并且指出正义不被人的情感所左右，人的爱心和仁慈等情感也不能有损整体社会的公正。赫勒认为，社会群体是按照预先确定的关于组织内部生活的特定的规范和规则来调节内部关系的，接受了这些规范和规则的人们相互之间联合起来，并在共同生活的过程中始终遵循这些规范和规则。赫勒指出："只有在我们之间的相互交往是社会平等的，即使不是德行和优点方面的平等，黄金规则才可以为我们的所有行为指引方向。"② 这里的"黄金规则"就是形式正义的规则，指的是当且仅当人与人之间的交往是在社会平等的基础上进行的时候，成员间才可以通过"对称性互惠"得到相应的对待。但是，在一定的社会关系下，这种对称性却经常难以实现，反而是非对称性经常且广泛地存在，如主人与仆人之间、夫妻之间、父子之间以及地位较高人员与地位较低人员之间等。"黄金规则"很容易就会失效，如主人就不会接受仆人用其随意的生活方式对待自己。当规则难以始终一致地对群体内的所有成员起同等作用时，规则的意义将不复存在。可见，将形式的正义概念应用于复杂的社会群体，甚至不同国家、不同民族时，会

---

① ［匈］阿格妮丝·赫勒：《超越正义》，文长春译，黑龙江大学出版社 2011 年版，第 335 页。

② ［匈］阿格妮丝·赫勒：《超越正义》，文长春译，黑龙江大学出版社 2011 年版，第 22 页。

受到强大的挑战。

二、动态的正义概念

由于经常受到双重标准的挑战，形式的正义概念在同一群体内部或者不同群体之间往往难以实现。正义概念要求规范和规则持续不断地适用于群体内的所有成员，然而现代社会越来越趋向多元化发展，在社会共同体内部存在着各种各样的规范和规则，这些规范和规则可能相互冲突，当它们被批评的时候，静态的正义概念就走向了动态的正义概念。

赫勒认为动态的正义之所以出现，是由于"规范和规则的批评者通过诉诸那些与现行规范和规则相矛盾的规范性标准，以使现存的（一直被遵守的）规范和规则失效"①。在日益丰富的多元价值领域，价值选择问题是必然会涉及的。人的行为规则是保留、修改甚至抛弃的依据，都会触及人类的普遍价值，即人的生命和自由，但人的生命和自由能否承担这一判断标准却是有待商榷的。动态的正义所诉诸的这两个终极价值是不可靠的，因为自由和生命之间经常存在冲突，而且自由也是存在悖论的。始于契约理论的现代政治哲学认为，自由和生命都不能作为合法的社会秩序建构的规范和规则。在契约理论看来，人类是由不同的文化和不同的历史构成的，有些值得珍视，有些则不然。在象征的意义上，只有在一定共同体的共同文化的基础上，才能通过整合一些共同规范和规则来缔结共同体内的公共"契约"，这些文化通常包括尊重共同体内的所有成员以及所有外部团体的成员的生命和自由等。"然而如果自由是终极基础，所有的契约也都是可以废除的。所有得到合法化的事物都可以被解合法化。"② 正因如此，赫勒认为人是生而自由的，但是这个自由却在枷锁中；自由的概念本来应该在伦理政治的正义概念破碎后用来挽救道德，但是作为资本主义倡导的价值的自由却完全毁坏了人的道德。这一自由的悖论使得人们的活动失去了终极价值的合法性基础，正义也走向了其反面。因此，过去被视为

① ［匈］阿格妮丝·赫勒：《超越正义》，文长春译，黑龙江大学出版社 2011 年版，第 124 页。

② ［匈］赫勒：《现代性理论》，李瑞华译，商务印书馆 2005 年版，第 27 页。

第五章 马克思正义观与当代西方正义观

正义的规则现在会被抛弃，而现在被保留的正义规则也将在未来被推翻。

郝勒指出，文化的多元性已经表明规范和规则难以做到对每个人而言都是好的，但却能使平等自由的人认识到只有理性地构建共同生活的社会的规范和规则，并理性地对待既有的规范和规则，即无论是选择继续遵循它们还是创建新的，才能确保所有人的平等生活机会和平等自由。

三、良善生活超越正义

当形式的正义和动态的正义概念都失效时，社会中的道德冲突更多地表现为对道德规范本身的遵守与否所引发的冲突，而政治冲突往往就是在一个受挑战的道德规范与社会规范存在矛盾的情况下出现的。道德冲突可以引发社会冲突，或者使冲突中的个体受到影响进而投身于政治冲突。赫勒认为，如果规范形式正义和动态正义的规则是不正当的，那么这种不正当就不只是不正确，而且是不正义，因为这些规则中存在着人们认定为违背道德规范的、需要抛却的部分。既有的规范和规则被抛却的原因常常是复杂的，就像面对暴君或暴政统治一样，最后只能由正直的好人来挽救正义。这样赫勒就回到了道德哲学的传统，将正直归于道德的概念。道德是无条件的，正直的好人的行为意味着他的目标就是最佳的、可能的道德世界，而现实中的人的良善生活则是需要条件的。赫勒认为，良善生活有三个要素，即主体的正直、客体条件支持把人的天赋发展为人的才能的宽裕环境、在密切的主体间性基础上形成的共同体。正直的人，才是真正的人。正直的条件是人对自身所处共同体的规范和价值的认识是明确的，并且认为每个人都应该遵守道德规范，可以说，正是正直而绝不是别的因素，才使一个人完全成为他自身，这就像赫勒所说，"正直之人的行为通常被认为就是'目的本身'"[①]。至此不难看出，赫勒尤其强调人的正义感，认为在按照一定规范和规则组成的共同体中，最基本的正义感是正直的好人所应具备的。也就是说，如果成员对共同体中他人的不正当行为所造成的危害不仅有私愤，而且即便这种危害并没有危及自身仍会产生公

---

① ［匈］阿格妮丝·赫勒：《超越正义》，文长春译，黑龙江大学出版社 2011 年版，第 50 页。

愤,那么这种正义感就是良好社会得以实现的现实保证。

赫勒也认为,良善生活作为社会共同体的生活方式,存在于成员间的交往、交流之中,这样个体的独一无二的良善生活就能被共同体成员所分享了。人通过与他人交往形成了复杂的社会关系,人的全部本质及秘密就包含在社会交往中。人的幸福感的形成一定程度上依赖于共同体内他人的存在及快乐,而人的正直则是人际关系的基础。这也就是赫勒所说的,"在不违背善良的人必须是正义的人的指令的所有生活方式中,那个好人也可以在公共领域内超越正义"①。

第四节 当代西方正义观评析

一、罗尔斯的分配正义观评析

罗尔斯的差别原则虽然受到了诸多批判,但他对平等自由的理念和公平合作的社会体系的追求还是深深地鼓舞了众多追求正义的人们。罗尔斯力图通过差别原则的再分配功能使每个社会成员都处于平等地位,从而解决人类社会的不平等问题,这是为实现平等社会而进行的一次有益尝试。但不可否认的是,罗尔斯精心设计的正义体系也确实存在应当批判的地方,以马克思的正义观做标尺,就能清晰地分析出其不足。

一是罗尔斯的契约论问题。首先,它的假设性前提就必须受到批判。假设的契约并不是真正的契约,与实际存在的契约有着巨大的差别,尤其是不符合契约的形式,因此是一个无法实现的契约。这就意味着当罗尔斯契约论中的立约者共同面对"无知之幕"时,相当于取消了个体的多样性以及他们之间相互冲突的利益。在"无知之幕"下,人的原初状态有一定的特点,如相信他的善在于追求某些理性生命计划的实现,视自我的观念为理性的选择,选择自己的目的比其他任何特殊目的都更重要,希望与他

---

① [匈]阿格妮丝·赫勒:《超越正义》,文长春译,黑龙江大学出版社 2011 年版,第335页。

人在相互尊重的基础上进行合作。很显然，这种理想不可能被所有人接受。可见，罗尔斯假设的原初状态忽略了正义问题的复杂性，没有考虑现实社会那些重要的背景因素，将复杂的正义问题简单化了。但对于生活在现实社会中的人们来说，自己想要的东西才是最重要的，而非虚构的最初的东西，因此用所谓的原初状态来说明现实社会是行不通的。也就是说，罗尔斯的原初状态是不存在的，是完全空想出来的，更不是真实的初始状态，他对问题的简单化预设，忽略了太多重要的变量。

二是罗尔斯假设的基础问题。罗尔斯的假设建立在经济人假设的基础之上，即每个人都是经济人，都是自身利益的最大追求者和最大实现者，这意味着人是以利益为第一目标的，而且每个人都是理性人，即始终一贯地追求自身利益的最大化，始终以理性分析方法正确地计算得失，并会规避风险和选择对自己最有利的策略。然而，罗尔斯假设的原初状态根本就不是一个现实的人的世界，而是一个无人性的、非人的世界。关于如何认识人，马克思早就明确，离开一定的社会形态、社会结构，不去分析特定历史时期的经济关系、政治关系和思想关系，就根本不可能了解人。马克思指出，人的本质"是一切社会关系的总和"[①]。所以，从社会关系来看，在社会之外是不存在人的，即人始终是社会的人。人与社会是不可分割的，社会的一定性质就是在社会中生活的人的一定性质。社会关系一方面决定人的本质，另一方面又构成社会的内容。从历史的发展进程来看，人类社会曾经有过的形态也是人在一定发展阶段的历史性表现，最后必将达到人的自由解放的共产主义社会，从而实现人类解放的正义理想。可见，与罗尔斯完全不同，马克思是将实现人类解放的正义理想落实到了具体的社会存在之中。

三是罗尔斯的两个正义原则问题。这两个正义原则是以个人自由和个人权利为中心的，但在现实中，人的基本自由之间不可避免地会发生冲突，此时就要从这些基本自由所保护的利益的重要性出发来做出判断、进行取舍，即到底需要保护哪一种自由，应该保护到何种程度，等等。这些判断自然会随着人们对善的内涵的理解不同而出现变化，而争论自由取舍的过程也必然是争论善的过程。由前文的论述可知，罗尔斯的分配正义是

---

① 《马克思恩格斯选集》（第一卷），人民出版社 1995 年版，第 56 页。

脱离了生产的分配正义。毋庸置疑，社会财富分配上的巨大差距必然会造成社会的不公平，罗尔斯正是认识到了这一点，才试图探索建立一种有效、合理的制度，对社会财富进行合理的分配，以使社会的不公平得到改善。但是，他并没有深入探究造成这种不公平的最终根源。换言之，罗尔斯没有对私有制进行批判，更为重要的是，没有从历史维度认识到物质生产劳动在人类社会发展进程中的巨大作用。而在马克思那里，分配不是正义的根本问题。按照马克思的正义观，正义更主要地表现为伦理维度的合理性，所以在分配问题上反复绕圈是没有意义的。因为分配是由生产资料的占有权决定，而在资本主义私有制下，生产资料是由资本家控制的，事实上这就已经决定了分配方式。罗尔斯试图从社会制度完善角度重构为所有人认可的正义观，但作为长时段历史产物的正义是由特定社会的生产方式决定的，而生产方式则是由生产力的发展水平决定的，所以没有永恒的、绝对的正义。

二、米勒的多元正义观评析

米勒的多元正义观面临的理论困境较多，其中对它最主要的批判是它会导致价值相对主义。相对主义的问题在于为了维护自身理论所谓的正确性，它将价值的相对性和主观性予以绝对地放大，并认为价值是特殊文化的产物，只在特定的条件下才有效。正因如此，相对主义不被人们所接受。按照多元主义理论，只有通过一些普遍的正义原则来界定个人的生活和社会的基本道德规范，才能保证各种价值都得到尊重。但什么才是普遍的正义原则呢？米勒给出了需要、应得和平等。而这又使他的理论产生了一个更加难以解决的悖论：普遍的正义原则何以可能？

米勒认为"在团结性社群内部，实质性的正义原则是按需分配"①，这体现的就是需要原则。但值得注意的是，正义只与把资源公平地分配给个体有关，而与任何特定的个体从他所得到的资源中获得的满足感等主观感受无关。以米勒所言的团结的社群为例来看，它按照成员之间的远近亲疏关系来划分，显然是不够彻底的，且停留在表面。可见，米勒探讨正义问

---

① ［英］戴维·米勒：《社会正义原则》，应奇译，江苏人民出版社 2008 年版，第 32 页。

题的起点是人的社会关系，并对人的社会关系进行了细致的划分。但按照马克思的唯物史观，人的一切社会关系中最为重要的是人的生产关系，而米勒对人的社会关系的划分依据的却是法律认可的公民身份和人的情感联系，这显然是有问题的。就拿在团结的社群内部采用按需分配原则来说，由于同需要有关的因素是极其复杂的，如婚姻状况、家庭规模及其内部的团结情况等，而且在私有制存在的情况下，家庭中仍然存在着占有、驱使等不良关系，所以需要原则并不能成为以血缘关系、亲戚关系为基础的团结的社群的分配原则。

关于应得原则，米勒认为人会自行判断某种资源（奖金、荣誉等）应该为某人或某团体所得，业绩和行为动机同时构成了应得的考察因素，良好的业绩和道德的彰显会产生积极的应得。同时，米勒也指出，在工具性联合体中商品交换将成员最大限度地联系起来，并按照应得原则进行分配，这就是正义的。但是，这种联合体内部通常是按业绩制定分配标准的，而标准的实行必然会遇到障碍，障碍主要来自实际工作中生产的互补性、工资的组织结构预定性以及成员的目的与联合体目的之间的分歧等。

关于需要、应得、平等这三个社会正义原则，米勒认为人会主动地选择与他的需要相一致的或相匹配的，如：从事同样劳动的人有权获得同样的报酬；劳动报酬最起码应能满足劳动者的生活需要；从事的劳动有差别应得到有差别的报酬。对此，米勒总结认为，人们自己会"把分配正义的标准运用到现存的社会安排中去"[1]。可见，米勒是在社会秩序中探讨分配正义问题的，并且认为在一定的情境下社会制度、道德传统和社会规范都会对分配造成影响，并使分配结果呈现出不同的样态及比例。对于这种将正义问题降为具体的分配问题的做法，马克思给予了明确的反对和批判："在所谓分配问题上大做文章并把重点放在它上面，那也是根本错误的。"[2]因为不管怎样，米勒所说的"基本好"和"基本差"之类的物品都属于生产成果，而它们都是由生产活动生产的，所以在生产资料和资本等要素掌握在资产阶级手中的情况下，生产成果的分配就必然遵循现有的一系列规则。也就是说，不变革生产关系，只是不断地改良分配原则，是难以实现

---

① ［英］戴维·米勒：《社会正义原则》，应奇译，江苏人民出版社2008年版，第112页。
② 《马克思恩格斯选集》（第三卷），人民出版社1995年版，第306页。

正义的，而正义问题也不应简化为分配问题。

米勒认为"当人们作为同等的公民联合在一起时，平等就是相关的分配原则"①，这体现的就是平等原则。米勒将平等原则分为分配性的平等和作为社会理想的平等。其中，分配性的平等是个人主义的，它要求资源应在成员间平等分配；作为社会理想的平等则是高度整体性的，它不直接要求资源和权利的分配，而是呼唤建立人与人之间平等对待的理想社会。在凭借公民身份组成的共同体中，依据法律规范，人与人之间处于一种平等的地位，彼此也都把对方当作平等的人来对待。但按照马克思的正义观，资本主义社会所鼓吹的平等只是一种维护统治的政治口号。生而平等是资产阶级产生之初所要求的价值和高举的旗帜，它所蕴含的巨大力量被资产阶级充分利用，为资产阶级革命胜利发挥了重要作用。资产阶级登上历史舞台后，掌握了统治权力，但却没有致力于实现革命之初提出的诸多价值，包括平等，这表明"对于旨在实现既定阶级特殊利益的政治解放而言，平等仅仅是鼓吹革命的手段，而并非革命追求的目标"②。可见，平等在资本主义社会是无法实现的，而只能表现在思辨层面和理论意义上。正如马克思所指出的，由于资本主义私有制和剥削的存在，不平等和不公正的存在是必然的，无论怎么鼓吹，平等在资产阶级手里只能是一种骗人的口号。马克思不仅旗帜鲜明地批判了这种所谓的平等，而且认为只有在推翻了私有制这一前提下的社会大生产中的劳动所得才是公平分配的对象。马克思认为，正如资产阶级在诞生后迫切要求消灭封建阶级的特权一样，无产阶级应以消灭阶级作为自己的平等要求。平等始终与生产方式的发展密切相关，而且是在人的社会关系中体现出来的原则。脱离生产力发展水平谈论平等，也就追寻不到平等与历史发展的相关性。

总而言之，米勒的多元正义观并没有触及生产的本质和属性，是不彻底的，其应用范围也比较有限。此外，三种社会群体的划分也局限在民族和国家的边界之内，而对经济全球化带来的国家间正义、全球正义的实现问题则根本不适用。也就是说，正义原则的普遍性和正当性都无法在米勒

---

① ［英］戴维·米勒：《社会正义原则》，应奇译，江苏人民出版社 2008 年版，第 283 页。
② 康渝生：《平等是"共产主义的政治论据"——马克思主义平等观的哲学辩证》，《理论探讨》2013 年第 5 期。

的多元正义观中得到体现。

三、赫勒的超越正义观评析

阿格妮丝·赫勒的超越正义观与西方政治哲学现行的正义理论不同，旨在重回古希腊传统，将正义问题引回道德哲学的视域。道德哲学的传统出发点是人的德性的良善，而良善生活的道德条件是正直，这意味着如果人不是正直的，就不可能有良善生活。那么，正直究竟为何？这是一个较为难答的问题。赫勒认为，正直的概念必须要高度抽象，正直并不具有额外的诚实的特性，正直的人宁可忍受不义也不愿意在善良的人身上践行不义，正直的人具有最高程度的道德自主。但是，正直的人在何种情况下才存在，是赫勒必须回答的问题。

赫勒考察了古代社会的情况，发现亚里士多德建立在伦理基础上的理想城邦通过提升人的精神和道德素质，能够实现人的最高理性的境界，进而认为这种理想城邦为正直个人的存在提供了可能。然而，既然赫勒自己都承认那是理想城邦，那么它就是在现实中不存在的。赫勒又考察了现代社会的情况，认为"当伦理与社会政治这两个方面相分离的时候"[①]，"正直的人遵循的不是他自己的利益，而是强者和权势者的利益"[②]。可见，无论是不存在的理想城邦还是伦理与政治相分离的社会，都不能满足正直的人存在的条件，这也意味着赫勒所说的正直的人在现实中是不存在的。

一言以蔽之，赫勒认为好的社会是由好人创造的，只有好人才能使整体社会变好，其中伦理维度发挥着极为关键的作用。但令人遗憾的是，赫勒竟然由此得出了错误的结论，荒谬地断言："马克思推论说，所有的社会都是正义的，包括资本主义社会在内。"[③] 这是完全错误的。赫勒之所以得出此结论，原因在于她根本没有认识到马克思所说的人类解放的真正意义。在实践视域下，马克思的正义观立足于一个既有社会去思考这个社会

---

① ［匈］阿格妮丝·赫勒：《超越正义》，文长春译，黑龙江大学出版社2011年版，第4页。

② ［匈］阿格妮丝·赫勒：《超越正义》，文长春译，黑龙江大学出版社2011年版，第72页。

③ ［匈］阿格妮丝·赫勒：《超越正义》，文长春译，黑龙江大学出版社2011年版，第113页。

的全体成员的各种关系，并考察这些关系如何促进或者阻碍人的理性、自我意识和自由的发展，因此可以说马克思的正义观充分契合了伦理学理论。但是，马克思并没有把伦理学限定为一种单纯针对物质商品的经济分配的正义理论，而是把伦理学当作关乎生产领域的分配、组织乃至一切人类社会关系的整体性理论予以考量。同时极为重要和关键的是，马克思将生产劳动融入实践的视域中，由此形成了马克思实践视域下的正义观。就像麦卡锡在研究马克思的正义理论时将他置于古希腊的传统下得出的结论所说的那样，"伦理与社会公正深埋于马克思本人的思想体系之中"①。这正是从总体性角度深刻解读了马克思正义观的综合维度。

总之，赫勒虽然明确提出了要超越正义，但却没有找到通达的正确道路，而是将超越正义寄托于正直的人的良善生活，但良善是极其脆弱的，难以担此重任。不容否认，赫勒用新的理论和方法研究正义问题，丰富了正义问题的研究领域。同时，她对人的良善所给予的极大关注，也为构建和谐社会提供了理论关注点。但是，赫勒最终还是没有走出思辨哲学的领域，以致她的理论一直遭受诸多质疑。历史经验表明，超越正义的道路必然要到决定社会关系的经济关系中去寻找，马克思的正义观正是要求在消灭私有制的前提下，使人的人性得以全面彰显，使人的自我实现完全抛却已有正义所建基的各种价值并真正成为人的内在的表达，使人作为一种现实存在。这必然要在人生存和活动的共同体中借由普遍善的实现、人与自然的危机的真正解决、人的社会本性的真正彰显等来实现。

---

① ［美］乔治·麦卡锡：《马克思与古人——古典伦理学、社会正义和19世纪政治经济学》，王文扬译，华东师范大学出版社2011年版，第7页。

第六章　马克思正义观
与当代中国社会

改革开放 40 多年来，我国发生了翻天覆地的变化，生产力水平不断提高，人民生活日新月异。中国共产党一经诞生，就把为中国人民谋幸福、为中华民族谋复兴确立为自己的初心和使命，并始终把公平正义牢牢镌刻在自己的旗帜上。共同富裕是中国特色社会主义的本质要求，也是实现中国式现代化的题中应有之义。在当前扎实推进共同富裕的新征程上，我们要深刻理解马克思正义观的内涵要义，以马克思的正义观助力共同富裕的实现。

马克思指出，"思想、观念、意识的生产最初是直接与人们的物质活动，与人们的物质交往，与现实生活的语言交织在一起的"①，而"交往形式的联系就在于：已成为桎梏的旧交往形式被适应于比较发达的生产力，因而也适应于进步的个人自主活动方式的新交往形式所代替"②。也就是说，只有在人掌握了生产的主导权，社会联合劳动不断完善，生产力获得极大发展的情况下，人的天资才能充分发挥，这也意味着正是由自由的、自觉的、掌握一定物质财富的、受到全面教育的、有创造性的人所组成的共同体，才是通往更加正义的社会的决定性力量。党的二十大号召以中国式现代化全面推进中华民族伟大复兴。中国式现代化要求健全覆盖全民、统筹城乡、公平统一、安全规范、可持续的多层次社会保障体系。目前我国已经形成了以社会保险、社会救助、社会福利为基础，以基本养老、基本医疗、最低生活保障为重点，以慈善公益、商业保险为补充的社会保障体系。社会保障体系既承担维护社会稳定、化解社会矛盾的责任，又鲜明地体现全社会对公平、正义等价值理念的追求和实践，是"着力维护和促进社会公平正义，着力促进全体人民共同富裕，坚决防止两极分化"的重要基础。

---

① 《马克思恩格斯选集》（第一卷），人民出版社 1995 年版，第 72 页。
② 《马克思恩格斯选集》（第一卷），人民出版社 1995 年版，第 124 页。

第一节　新时代的共同富裕和社会公平正义

一、新时代促进共同富裕和社会公平正义的内涵

人的劳动是人类社会发展的首要前提，人最核心的本质就在于他能自由自觉地活动，生产劳动并不仅仅是指物质客体的生产，同时也包括对思想、价值、社会机构及其规则等与人类生活息息相关的领域的能动的生产。正如马克思所说，"动物只生产自身，而人再生产整个自然界"①。作为有意识的类存在物，人摆脱了肉体的需要，进行真正的生产劳动，必然迸发出改造现实的革命力量。当人的对象化劳动扬弃了异化劳动之后，人的自由自觉的生产实践才能真正创造出个体及共同体的幸福，社会财富才能不断增长，人的精神追求才能不断实现。

关于共同富裕，习近平总书记论述道："共同富裕是中国特色社会主义的根本原则，所以必须使发展成果更多更公平惠及全体人民，朝着共同富裕方向稳步前进。"② 党的二十大更是把增进民生福祉，提高人民生活品质摆在了突出的位置上。公平正义是中国特色社会主义的内在要求，实现公平正义是中国共产党的一贯主张。关于如何实现社会公平正义，习近平总书记明确指出，"实现社会公平正义是由多种因素决定的，最主要的还是经济社会发展水平"③，这就为维护和促进社会公平正义指明了方向，即要以物质条件为依托。经济发展具有历史性，经济发展水平决定着一定时期社会财富的总水平，同时也制约着社会公平正义的实现程度。2021 年，我国全面建成小康社会，历史性地解决了绝对贫困问题。接下来，除了保证脱贫质量，及时消除返贫致贫风险之外，还是要加强经济建设，同时着力补齐民生短板。只有经济充满活力，国家整体实力才能不断增强，民生

---

① 《马克思恩格斯选集》（第一卷），人民出版社 1995 年版，第 46 页。
② 《习近平谈治国理政》（第一卷），外文出版社 2018 年版，第 13 页。
③ 《习近平谈治国理政》（第一卷），外文出版社 2018 年版，第 96 页。

才能日益改善，老百姓才能富足，共同富裕才能实现。

习近平总书记指出，"要随时随刻倾听人民呼声、回应人民期待，保证人民平等参与、平等发展权利，维护社会公平正义"①；"要以促进社会公平正义、增进人民福祉为出发点和落脚点，加大协调各方面利益关系的力度，推动发展成果更多更公平惠及全体人民"②。这就清晰地彰显了社会主义的优越性。因为人民群众是一切社会财富的创造者，要推动社会向前发展，就必须紧紧依靠全体人民。同时，人民共享时代发展的机遇，必须建立在人民共享公共权力的服务、共享公共资源的使用、共享公共财富的红利的基础之上，一定离不开公平正义的社会环境。

二、新时代推进共同富裕的现实意义

马克思的正义观建立在批判资本主义制度的基础之上，在他看来，资产阶级的伪善和资本的野蛮本性使人的本质破碎、超越维度丧失。从马克思哲学的产生过程可以看出，马克思最初对资本主义的批判尚停留在政治层面，之后才从对副本的批判进入对原本的批判，即深入资本主义经济领域之中去探求社会改造的方向，并提出了只有消灭私有制、消灭人的异化劳动，进而消灭剥削、压迫，消灭物质资料分配的不公平及总量的匮乏，才能推动社会发生真正的变革，才能真正实现社会正义。马克思的正义观不同于分配正义观和德性正义观，而是总体性的正义观，它真正指向的是人的本质的完善与超越。马克思从人的生产实践出发，认为实践不只包括人的本能的、功利的活动，还内蕴着关于善的、美的及关乎人类终极关怀的维度。正如马克思所言，"人则使自己的生命活动本身变成自己的意志和意识的对象。他的生命活动是有意识的"③。也就是说，人在生产实践中意识到了自己行为的意向性，这种意向性超越了单纯的谋生性和功利性。可见，人的实践活动在现实地改造自然界的同时，还内生着道德尺度和美的尺度，体现了人的发展的统一。

---

① 《习近平谈治国理政》（第一卷），外文出版社 2018 年版，第 41 页。
② 《习近平谈治国理政》（第一卷），外文出版社 2018 年版，第 204 页。
③ 《马克思恩格斯全集》（第四十二卷），人民出版社 1979 年版，第 96 页。

随着中国特色社会主义进入新时代，人民群众的美好生活需要也日益增长，因此增进民生福祉、推进共同富裕是发展的根本目的。要实现共同富裕，就要以社会主义核心价值观为引领，发展社会主义先进文化，弘扬革命文化，传承中华优秀传统文化，丰富人民群众的精神生活；就要加强社会主义法治建设，营造公平正义的法治环境，约束不公平现象，确保在着力发展经济的同时彰显社会公平正义；就要加强对公共权力的监督和约束，营造公平正义的社会氛围。公平正义所体现的强大凝聚力，具有维持社会稳定发展的功能。可以说，社会秩序和谐有序、人民生活富裕安康，都直接或间接地与公平正义相联系。同时，只有以尊重和实现人的真正的自由发展为出发点，公平正义才能在推进共同富裕的过程中彰显其深刻的价值关怀和现实的观照意义。

三、马克思正义观对于实现中华民族伟大复兴中国梦的价值

实现中华民族伟大复兴的中国梦，是"宏大叙事"的国家梦，更是"具体而微"的个人梦。国家的强大、民族的兴盛，都要以人民群众的各项权利得到保障、切身利益得到维护为先决条件和最终目的。人民群众是由无数个体构成的，每个个体的发展都是社会发展的缩影，无数这样的缩影就形成了社会的发展。中国人民渴望国家富强，这正是实践正义的要求。要实现国家富强，就必须深化改革，实现社会财富的极大"涌流"，因为贫穷不是社会主义，而共产主义的一大特点更是物质财富的极大繁荣。在新时代，中国人民在党的领导下，正在以中国式现代化全面推进中华民族伟大复兴，中国式现代化是人口规模巨大的现代化，是全体人民共同富裕的现代化，是物质文明和精神文明相协调的现代化，是人与自然和谐共生的现代化，是走和平发展道路的现代化。

中国梦就是人民的梦，就是国家情怀、民族情怀、个人情怀相统一的梦。中国梦的最大特点就是把国家、民族和个人作为一个命运共同体，把国家利益、民族利益和每个人的具体利益紧紧联系在一起。正如马克思所强调的，人民群众才是所有社会财富的创造者，并现实地促进着社会的发展，因此要实现中国梦就必须牢牢依靠人民，就需要全体人民的共同参与

和社会各阶层的紧密合作。凡是赞成、支持及实际参与中国特色社会主义建设的社会力量，都是实现中国梦的现实依靠。让全体人民切切实实地享受到发展带来的成果和福利，进而实现梦想中的生活，是中国梦的终极价值目标。中国梦是全体人民的美好愿望和共同追求，而不是部分人群或特殊人群的梦想，中国梦实现后的成果也必然为全体人民所共同享有。在马克思所畅想的共产主义社会，每个人的自由发展就是一切人的自由发展的条件。可见，中国梦必须同每个中国人的美好梦想紧密结合起来，以此作为根基，从中汲取力量。每个中国人的美好梦想不管有多么普通，都是弥足珍贵的，而每个人在为实现其美好梦想而不断努力的过程中，也都为实现中国梦贡献着力量。这就是习近平总书记所说的，"生活在我们伟大祖国和伟大时代的中国人民，共同享有人生出彩的机会，共同享有梦想成真的机会，共同享有同祖国和时代一起成长与进步的机会"①。

马克思的正义观明确指出，社会正义的实现建立在生产力的发达、物质资料的丰富和人民的富裕基础之上，而国家富强、民族振兴、人民幸福是中华民族伟大复兴中国梦的具体表现。按照马克思的正义观，有权利公平，梦想才能出发；有机会公平，奋斗才能持续；有规则公平，社会才能进步。党的十八大以来，以习近平同志为核心的党中央统筹推进"五位一体"总体布局、协调推进"四个全面"战略布局，为民谋利、为民解忧，着力维护和促进社会公平正义，着力解决人民群众最关心最直接最现实的利益问题，在幼有所育、学有所教、劳有所得、病有所医、老有所养、住有所居、弱有所扶上不断取得新进展，让每个人的中国梦都有了实现的机会和路径。

第二节　促进社会公平正义的路径

公平正义是人民的价值追求之一，但与此同时，公平正义也只能是具体的、历史的、相对的，并随着社会的发展而呈现出阶段性特征。换言之，当前的公平正义状况是由经济社会发展水平决定的，企图超越现实去

---

① 《习近平谈治国理政》（第一卷），外文出版社 2018 年版，第 40 页。

实现所谓的绝对正义是根本不可能的。只有形成这种认识，才不会对公平正义产生错误的理解。

马克思实践视域下的正义观是一种复合结构，既包含应得正义理论也包含超越正义理论，因此必然要求公平正义的实现考虑具体的社会现实。马克思将物质生产与人类历史紧密结合起来，认为人类社会的发展是由生产力的发展推动的，而公平正义则是内蕴在社会发展过程中的价值目标。这就是恩格斯所说的，"通过有计划地利用和进一步发展一切社会成员的现有的巨大生产力，在人人都必须劳动的条件下，人人也都将同等地、愈益丰富地得到生活资料、享受资料、发展和表现一切体力和智力所需的资料"①。同时，这也就是中国人民正在追求和践行的公平正义事业。

一、发展生产力，夯实物质基础

按照马克思的观点，生产力的发展史与人类社会的发展史是同步的、相互促进的，实现社会财富的极大"涌流"是实现正义的物质基础。而马克思正义观的首要条件，就是通过生产劳动解决物质资料的匮乏问题。贫穷不是共产主义，中国人民对此已经明确了看法："共产主义社会，将是物质财富极大丰富，人民精神境界极大提高，每个人自由而全面发展的社会。"② 同时，中国人民也注意到了，实现共产主义需要一个极为漫长的历史过程，这也就是邓小平所指出的，"社会主义是共产主义第一阶段，当然这是一个很长很长的历史阶段"③。可见，共产主义的实现，必然取决于社会主义的长期巩固和极大发展，而发展生产力、创造丰富的物质基础则是至关重要的。

一切生产劳动都是人在一定的社会形态下并通过这种社会形态对自然界的占有。马克思正是从这一观点出发，证明了物质生产是人与自然界之间的物质变换，是一种社会性的新陈代谢，也是一切人类生产的基础。自然界是一切人类生产的基础。自从人产生以来，自然界就在人的实践活动

---

① 《马克思恩格斯选集》（第一卷），人民出版社 1995 年版，第 330 页。
② 《江泽民文选》（第三卷），人民出版社 2006 年版，第 293 页。
③ 《邓小平文选》（第三卷），人民出版社 1993 年版，第 171 页。

中以不同以往的形式存在和发展着。劳动是人的存在方式，也是人类社会存在和发展的基础。"劳动首先是人和自然之间的过程，是人以自身的活动来引起、调整和控制人和自然之间的物质变换的过程。人自身作为一种自然力与自然物质相对立。为了在对自身生活有用的形式上占有自然物质，人就使他身上的自然力——臂和腿、头和手运动起来。当他通过这种运动作用于他身外的自然并改变自然时，也就同时改变他自身的自然。他使自身的自然中沉睡着的潜力发挥出来，并且使这种力的活动受他自己控制。"① 也就是说，在马克思看来，人类改造自然的生产劳动是使人之为人的决定性过程，劳动是人区别于动物以及其他一切自然物的特殊标志。而马克思之前的全部哲学，包括旧的、机械的、形而上学的唯物主义在内，都没有认识到物质生产对于人类社会的发展、对于人的意识的产生和发展所具有的决定性意义。

社会生产力是人类在生产实践中形成的改造和影响自然以使其适合社会需要的物质力量。劳动者是生产力中最活跃的因素，人类的智慧和能力的发展决定着人对自然界开发的深度和广度。生产力水平越高，劳动者改造世界的能力就越强，获得的业余时间也就越多。对于个体来说，更多的业余时间既是手段也是目的，他可以利用业余时间发展自己多方面的才能，而归根结底全面发展的个体才是社会生产力进一步发展的重要条件。因为人利用业余时间从事自我完善的活动，得到了全面发展，再重新参与生产过程时必然会产生新的强大的生产力。值得强调的是，生产力的现实发展程度反映到消费领域会影响甚至决定人的消费行为，而反映到公平正义层面则会影响和决定公平正义的内容和追求。

马克思的正义观立足现实的人的劳动，强调通过发展生产力消灭异化劳动，进而在物质极大丰富的基础上实现公平正义、实现人的解放。可见，发展生产力是实现社会公平正义最为重要的条件。生产力包括劳动者、劳动资料和劳动对象三个基本要素，是三者相互作用的结果。具体地说，劳动者是具有一定生产经验、劳动技能和知识，能够使用一定的劳动资料作用于劳动对象，从事生产实践活动的人。劳动资料是人们在劳动过程中所使用的物质资料等物质条件。一切自然物质都是可能的劳动对象。

---

① 《马克思恩格斯全集》（第二十三卷），人民出版社 1972 年版，第 201—202 页。

需要指出的是，生产力是社会发展中最活跃的因素，而人则是生产力发展中最活跃的因素。

关于如何提高生产力这一难题，马克思在分析了资本主义生产后指出："大工业把巨大的自然力和自然科学并入生产过程，必然大大提高劳动生产率。"① 生产力的发展，归根结底取决于劳动的社会性质，取决于社会内部的分工，取决于智力劳动特别是科学技术的发展。科学技术对历史的发展具有强大的推动作用，能够促进生产关系的变革和社会的变革，尤其对提高生产力有极大影响，这就是马克思所说的"劳动生产力是随着科学和技术的不断进步而不断发展的"②。生产力的发展使物质极大丰富成为可能，这为促进社会公平正义提供了支撑，而公平正义反过来又可以为生产力的进一步发展提供良好的社会环境。

综上可知，在中国特色社会主义新时代，我们要继续全面深化改革，进一步解放和发展生产力，同时优化生产力布局，尤其是处理好城乡间、区域间的协调发展，进而大力增加社会财富，夯实公平正义的物质基础。

二、强化权力监督，保护劳动者的利益

权力不能没有监督，权力必须受到制约。完善权力监督机制是保护公民权益、实现社会公平正义的重要举措，这就是通常所说的要把权力关进制度的笼子。

通过对巴黎公社的分析，马克思强调了对权力进行监督和制约的必要性，认为巴黎公社实现了权力的社会性、人民性和公共性。比如马克思发现，"为了防止国家和国家机关由社会公仆变为社会主人——这种现象在至今所有的国家中都是不可避免的——公社采取了两个可靠的方法。……这样，即使公社没有另外给代表机构的代表签发限权委托书，也能可靠地防止人们去追求升官发财了"③。可见，要强化权力监督，首先就要健全信访听证制度，畅通人民群众利益表达渠道。其次，要扩大舆论监督，尤其

① 《马克思恩格斯全集》（第二十三卷），人民出版社 1972 年版，第 424 页。
② 《马克思恩格斯全集》（第二十三卷），人民出版社 1972 年版，第 664 页。
③ 《马克思格斯选集》（第三卷），人民出版社 1995 年版，第 12—13 页。

要重点关注弱势群体利益保护。近年来，短视频等社交媒体为弱势群体创造了更多平等对话的机会，有力促进了社会公平正义的发展。最后，推进政务公开，健全行政问责机制。政务公开可以增进政府工作的透明度，强化社会监督，实现政府与人民群众之间的良性互动，并可直接促进公务人员思想观念的变革，使其增强遵纪守法、廉洁奉公的意识。

马克思指出："就个别人说，他的行动的一切动力，都一定要通过他的头脑，一定要转变为他的愿望的动机，才能使他行动起来。"[①] 换言之，人通过行动所争取的一切都同他的利益有关。而对利益关系的处理是否符合公平正义就显得尤为关键，如果处理得合适，就能凝聚人心；处理得有问题，则极有可能使人失去行动的信心。可见，对权力的监督就是对人民群众利益的保护，这有助于社会公平正义的实现，正如恩格斯所分析的那样，"如果群众的道德意识宣布某一经济事实，如当年的奴隶制或徭役制，是不公正的，这就证明这一经济事实本身已经过时，其他经济事实已经出现，因而原来的事实已经变得不能容忍和不能维持了"[②]。

国家权力运行的目的应该是为人民群众谋福利，而马克思的正义观正是为了保护劳动者的利益，最终实现人的解放。在马克思看来，对劳动者利益的最根本的保护就是实现人的全面发展。人的劳动不同于动物本能的活动，因为人能根据某种事物的固有尺度来制造工具和改造劳动对象。人的劳动与人的能力密不可分，人需要通过劳动实现他的能力，而劳动结果的差异则体现着劳动能力的差异。人在劳动中占据着主体地位，这是人的本质力量的体现。可见，人的全面发展就是人的能力的全面发展。首先，人的能力包括先天能力和社会能力。人的先天能力也就是马克思所说的人"具有自然力、生命力，是能动的自然存在物；这些力量作为天赋和才能、作为欲望存在于人身上"[③]。先天能力是人的全部能力的生理基础，人的体力、智力、情感力等都是在先天能力的基础上发展起来的。人的社会能力包括政治能力和思想能力等，需要在社会实践中通过学习形成。其次，人的劳动能力还包括现实能力和潜力。人的潜力既有可能是先天能力，也有

① 《马克思恩格斯全集》（第二十一卷），人民出版社 2003 年版，第 345 页。
② 《马克思恩格斯全集》（第二十一卷），人民出版社 2003 年版，第 209 页。
③ 《马克思恩格斯全集》（第四十二卷），人民出版社 1979 年版，第 167 页。

第六章　马克思正义观与当代中国社会

可能是社会能力，它潜存于人的身体之内，通常情况下并不会在劳动中表现出来。

劳动者劳动能力的发挥必须依托良好的社会环境。随着中国特色社会主义进入新时代，国家强调发展和落实全过程人民民主，对权力运行的制约和监督力度不断加大，坚持权力姓"公"，坚持权为民用，确保人民赋予的权力始终用来为人民谋利益、谋幸福，确保人民群众在公平正义、和谐稳定的社会环境中安居乐业、心情舒畅。

三、健全社会保障体系，促进社会公平正义

首先，要促进社会公平正义，就要做大"蛋糕"。由前文的论述可知，经济社会发展水平是实现社会公平正义的根本性、决定性因素，就像习近平总书记所指出的那样，要"促进社会公平正义，就要从最广大人民根本利益出发，多从社会发展水平、从社会大局、从全体人民的角度看待和处理这个问题"①。为此，要通过大力发展经济，完善制度体系、法律体系以及提供政策支持等来解决发展不平衡、不充分的问题。同时，还要创新科技、提高生产力，以高质量发展做大"蛋糕"，从而为实现社会公平正义奠定更加坚实的物质基础。

其次，要促进社会公平正义，就要分好"蛋糕"。发展经济、创造社会财富固然是实现社会公平正义的基础，但这并不意味着一定要在经济发展水平达到某种程度之后再去解决公平正义问题，而是必须在做大"蛋糕"的同时分好"蛋糕"，实现两者的统筹兼顾。为此，要不断深化收入分配改革，提高一线劳动者的劳动报酬，推动劳动者劳动报酬提高与劳动生产率提高基本同步。不容否认，自发的市场经济始终无法解决两个难题：不平等和贫困。之所以会造成不平等，是由于市场并不是根据个体的努力程度来分配报酬的，诸如他的天赋、原生家庭拥有的资源甚至运气等他所不能控制的因素，都会在一定程度上影响他的收入水平。至于贫困，则是由于市场并不会根据个体的不同需求来分配资源，以致有些人连基本的需求都得不到满足，处于匮乏状态。公平正义就是要直面这两大难题，

---

① 《习近平谈治国理政》（第一卷），外文出版社2018年版，第96页。

通过调整社会成员的初始禀赋、资源的分配以及再分配手段等，来减轻不平等和消除贫困。为此，要完善市场评价机制，按照生产要素贡献进行分配，保护合法收入，同时注重遏制垄断，严格取缔非法收入。要提高低收入者收入水平，增加中等收入者数量，缩小城乡间、地区间、行业间的收入分配差距。

最后，要促进社会公平正义，就要健全社会保障体系。习近平总书记指出："要把促进社会公平正义、增进人民福祉作为一面镜子，审视我们各方面体制机制和政策规定，哪里有不符合促进社会公平正义的问题，哪里就需要改革。"① 社会保障体系是社会发展的稳定器，在维护社会稳定的同时也承担着化解社会矛盾的责任。要健全社会保障体系，就要进行社会保障制度改革，而社会保障制度变革必须遵循制度正义的基本要求。所谓制度正义，是指通过构建和变革社会经济政治等制度来调整和维护人与人之间的合理关系。历史经验表明，要促进社会公平正义，就必须从与人的现实生活紧密相关的制度入手，而公平正义的理念只有落实到现实的制度上并通过国家权力固定下来，才能稳定和持久。制度是整个社会系统的基础。制度正义是最基础的正义，是社会公平正义的根基。社会主义制度与人的本质相符，站在最广大人民的立场上，维护的是最广大人民的根本利益，因此能从根本上保证社会公平正义。

综上可知，改革社会保障制度应从三个方面入手。一是扩大社会保障制度覆盖面。"人人被保，保其所需"是扩大社会保障制度覆盖面的努力方向，具有强大的正义感召力，特别是对于我国广大农村地区而言，更具有重要的战略意义。因此，要开展农村社会保障制度试点工作，并在取得试点经验的基础上进一步推进农村养老保险制度建设，以减轻农民对土地的过度依赖。同时，继续加快新型农村合作医疗制度改革。这些都是从根本上惠及民生的关键举措。

二是建立多渠道的社会保障资金筹措机制，提高资金使用效率。社会保障资金的筹集和运营对于维持社会保障制度的稳定运行至关重要。因此，要建立起稳定的、可靠的社保资金筹措机制，并在法律层面固定下来，使其制度化、规范化。要加强社保资金的投资管理，以实现资金的保

---

① 《习近平谈治国理政》（第一卷），外文出版社 2018 年版，第 97 页。

值增值。要采取各种有效措施补充资金，如发行社会保障债券等。同时，还要拓宽资金来源途径，如吸纳社会资本、鼓励社会各界参与投资社会保障事业等。

三是进行社会保障资金管理体制机制改革。社保资金是老百姓的"救命钱"，绝不能出现任何闪失。因此，要与时俱进地对社保资金管理体制机制进行改革，以确保整个社会保障工作在阳光下开展，并接受全体社会成员的广泛监督。

结　　语

人类社会自产生之日起就开始了对正义的追求，正义被视为人类社会最根本的美德和价值理念。马克思一生有两大理论发现，即唯物史观和剩余价值理论。在提出这两大理论的过程中，马克思揭示了生产劳动是推动人类社会进步的根本力量，是价值的唯一源泉，并据此指出应该实行基于生产劳动的公平交换原则，而剩余价值之所以是非正义的，就是因为产生它的根源违背了公平交换原则。同时，也正是由于认识到公平交换原则在资本主义社会是不可能实现的，马克思才在策略上反对把公平正义作为无产阶级的斗争目标，而是认为只有消灭阶级、消灭私有制，才能彻底消灭阶级社会所固有的非正义顽疾。这就是马克思正义观的出发点和落脚点。

　　生产劳动作为人类最根本的实践活动是马克思正义观的物质基础。马克思对生产劳动的关注引发了正义理论研究的深刻的思想革命，以至于现代的各种正义理论都重视分配与生产劳动的关系，那种单纯关注分配而不去考虑决定分配物的性质的生产劳动的理论，注定难以逃脱对其合法性的质疑。

　　按照马克思的正义观，资本主义社会就是剥削的社会，而消灭剥削只靠道德层面的谴责是毫无意义的。于是，一种真正的、以现代生产力的充分发展为必要条件的、彻底消除资本主义已有生产关系的社会制度要求出场。要建立这种社会制度就要有一种社会力量，这种社会力量同现代生产力的发展最密切地联系在一起，并且从它的整个生活地位出发最深切地关注着甚至是迫不得已地关注着，建立那种同现代生产力的发展相适应的生产关系，这就是工人阶级。

　　按照马克思的设想，在消除了异化的共产主义社会，作为类存在物，人以"社会化的人"而进入社会。这时人与自然界之间的矛盾已经消解，人与社会之间达到了真正的和谐，人获得了真正的自由。也就是说，人只有从为了满足肉体生存而进行的苦差事中和必然性中彻底解脱，才能自由地在真正解放的人类社会中实现自身的潜能，创造性地再造自身，实现对自身生活的全面性、创造性支配。可见，人类解放是马克思的正义观真正的理论旨归。

　　自人类社会进入 21 世纪以来，随着全球化进程的持续演进，文化冲突、贫富两极分化等问题日益凸显，全球正义、代际正义、环境正义、法律正义、政治正义和经济正义等领域越来越受到人们的关注。而深入研究马克思的正义观，有助于我们更好地处理个体、国家、民族在共同发展的过程中存在的利益分配问题，从而在尊重并保障个体权利的同时，实现和平共处、和谐发展。

新时代，我国正走在全面建设社会主义现代化国家新征程上，人与人之间的利益关系必然会不断调整，社会公平正义问题也必然是无法回避的。而这必然要求我们深入研究并有效处理公平与效率之间的关系、社会成员参与经济社会建设的机会公平以及根据困难群体的需要合理定位社会保障制度改革方向等问题。马克思的正义观由于正确回答了人类社会发展的"正义之问"，为社会财富和社会资源的最佳配置提出了按劳分配和按需分配原则，并为社会共同体的制度安排、良善秩序构建乃至个体的自由全面发展的最终实现提供了科学指导，因此在当下仍然是值得我们深入研究和汲取精华的宝藏。

正是因为马克思的正义观是以最根本的人的自由发展和人类解放为落脚点的，社会公平正义才有了最深刻的价值和意义。也正因如此，马克思的正义观与推进共同富裕是密切相关的。共同富裕内含的正义理念体现了人民群众对美好生活的追求，所以不断增进民生福祉，实现全民富裕、全域富裕、全面富裕，就是在维护和促进社会公平正义。

总而言之，对马克思的正义观进行深入的研究，有助于我们加深对马克思哲学和马克思主义的认识，尤其是对马克思哲学的时代性的认识和理解；将马克思的正义观与西方古典正义观和现代有代表性的正义观进行比较分析，有助于我们加深对正义问题的学理探究，并可为我们不断探索中国社会的公平正义问题提供哲学理论基础。

参考文献

［1］习近平. 习近平谈治国理政：第 1 卷［M］. 北京：外文出版社，2018.

［2］习近平. 习近平著作选读：第 1 卷［M］. 北京：人民出版社，2023.

［3］习近平. 习近平著作选读：第 2 卷［M］. 北京：人民出版社，2023.

［4］马克思，恩格斯. 马克思恩格斯选集：第 1 卷［M］. 北京：人民出版社，1995.

［5］马克思，恩格斯. 马克思恩格斯选集：第 2 卷［M］. 北京：人民出版社，1995.

［6］马克思，恩格斯. 马克思恩格斯选集：第 3 卷［M］. 北京：人民出版社，1995.

［7］马克思，恩格斯. 马克思恩格斯选集：第 4 卷［M］. 北京：人民出版社，1995.

［8］马克思，恩格斯. 马克思恩格斯全集：第 1 卷［M］. 北京：人民出版社，1956.

［9］马克思，恩格斯. 马克思恩格斯全集：第 2 卷［M］. 北京：人民出版社，1957.

［10］马克思，恩格斯. 马克思恩格斯全集：第 3 卷［M］. 北京：人民出版社，1960.

［11］马克思，恩格斯. 马克思恩格斯全集：第 18 卷［M］. 北京：人民出版社，1964.

［12］马克思，恩格斯. 马克思恩格斯全集：第 20 卷［M］. 北京：人民出版社，1971.

［13］马克思，恩格斯. 马克思恩格斯全集：第 21 卷［M］. 北京：人民出版社，2003.

［14］马克思，恩格斯. 马克思恩格斯全集：第 23 卷［M］. 北京：人民出版社，1972.

［15］马克思，恩格斯. 马克思恩格斯全集：第 40 卷［M］. 北京：人民出版社，1982.

［16］马克思，恩格斯. 马克思恩格斯全集：第 42 卷［M］. 北京：人民出版社，1979.

参考文献

［17］陈先达，靳辉明. 马克思早期思想研究［M］. 北京：北京出版社，1983.

［18］罗伯特·诺齐克. 无政府、国家与乌托邦［M］. 何怀宏，等译. 北京：中国社会科学出版社，1991.

［19］余文烈. 分析学派的马克思主义［M］. 重庆：重庆出版社，1993.

［20］张奎良. 马克思的哲学历程［M］. 上海：上海人民出版社，1993.

［21］袁贵仁. 马克思的人学思想［M］. 北京：北京师范大学出版社，1996.

［22］韩震. 生成的存在——关于人和社会的哲学思考［M］. 北京：北京师范大学出版社，1996.

［23］哈耶克. 自由秩序原理［M］. 邓正来，译. 北京：生活·读书·新知三联书店，1997.

［24］胡海波. 正义的追寻——人类发展的理想境界［M］. 长春：东北师范大学出版社，1997.

［25］倪勇. 社会正义论［M］. 北京：中共中央党校出版社，1998.

［26］哈贝马斯. 公共领域的结构转型［M］. 曹卫东，等译. 上海：学林出版社，1999.

［27］边沁. 道德与立法原理导论［M］. 时殷弘，译，北京：商务印书馆，2000.

［28］韩水法. 社会正义是如何可能的——政治哲学在中国［M］. 广州：广州出版社，2000.

［29］衣俊卿. 回归生活世界的文化哲学［M］. 哈尔滨：黑龙江人民出版社，2000.

［30］丁立群. 哲学·实践与终极关怀［M］. 哈尔滨：黑龙江人民出版社，2000.

［31］慈继伟. 正义的两面［M］. 北京：生活·读书·新知三联书店，2001.

［32］尼古拉·别尔嘉耶夫. 论人的奴役与自由［M］. 张百春，译. 北京：中国城市出版社，2001.

［33］万光侠. 市场经济与人的存在方式［M］. 北京：中国人民公安大学

出版社，2001.

[34] 桑德尔. 自由主义与正义的局限 [M]. 万俊人，唐文明，张之锋，等译. 南京：译林出版社，2001.

[35] 张奎良. 马克思的哲学思想及其当代意义 [M]. 哈尔滨：黑龙江教育出版社，2001.

[36] 黑格尔. 逻辑学 [M]. 梁志学，译. 北京：商务印书馆，2002.

[37] 何怀宏. 公平的正义——解读罗尔斯《正义论》 [M]. 济南：山东人民出版社，2002.

[38] 俞吾金. 从康德到马克思——千年之交的哲学沉思 [M]. 桂林：广西师范大学出版社，2004.

[39] 康渝生. 马克思主义哲学的人学致思理路 [M]. 北京：社会科学文献出版社，2004.

[40] 恩斯特·卡西尔. 人论 [M]. 甘阳，译. 上海：上海译文出版社，2004.

[41] 吴忠民. 社会公正论 [M]. 济南：山东人民出版社，2004.

[42] 李楠明. 价值主体性——主体性研究的新视域 [M]. 北京：社会科学文献出版社，2005.

[43] 赫勒. 现代性理论 [M] 李瑞华，译. 北京：商务印书馆，2005.

[44] 倪勇，等. 社会变革中的正义观念 [M]. 济南：山东大学出版社，2006.

[45] 沈晓阳. 正义论经纬 [M]. 北京：人民出版社，2007.

[46] 弗罗姆. 逃避自由 [M]. 刘林海，译. 北京：国际文化出版公司，2007.

[47] 洛克. 政府论 [M]. 刘晓根，编译. 北京：北京出版社，2007.

[48] 柯亨. 马克思与诺齐克之间——G. A. 柯亨文选 [M]. 南京：江苏人民出版社，2008.

[49] 戴维·米勒. 社会正义原则 [M]. 应奇，译. 南京：江苏人民出版社，2008.

[50] 林进平. 马克思的"正义"解读 [M]. 北京：社会科学文献出版社，2009.

参考文献

[51] 亚里士多德. 尼各马可伦理学 [M]. 廖申白, 译注. 北京: 商务印书馆, 2009.

[52] 黑格尔. 小逻辑 [M]. 贺麟, 译. 北京: 商务印书馆, 2009.

[53] 黑格尔. 法哲学原理 [M]. 范扬, 张企泰, 译. 北京: 商务印书馆, 2009.

[54] 罗尔斯. 正义论 [M]. 修订版. 何怀宏, 何包钢, 廖申白, 译. 北京: 中国社会科学出版社, 2009.

[55] 康德. 历史理性批判文集 [M]. 何兆武, 译. 北京: 商务印书馆, 2011.

[56] 卢梭. 社会契约论 [M]. 李平沤, 译. 北京: 商务印书馆, 2011.

[57] 乔治·麦卡锡. 马克思与古人——古典伦理学、社会正义和19世纪政治经济学 [M]. 王文扬, 译. 上海: 华东师范大学出版社, 2011.

[58] 涂良川. 在正义与解放之间——马克思正义观的四重维度 [M]. 长春: 吉林大学出版社, 2011.

[59] 亚当·斯密. 道德情操论 [M]. 王秀莉, 译. 上海: 上海三联书店, 2011.

[60] 郭艳君. 历史的生成性——对历史与人之存在的哲学阐释 [M]. 哈尔滨: 黑龙江大学出版社, 2012.

[61] 艾伦·布坎南. 马克思与正义 [M]. 林进平, 译. 北京: 人民出版社, 2013.

[62] 赫伯特·马尔库塞. 单向度的人: 发达工业社会意识形态研究 [M]. 刘继, 译. 上海: 上海译文出版社, 2014.

[63] 邓晓臻. 马克思的正义思想探究 [M]. 北京: 中国社会科学出版社, 2015.

[64] 康德. 法的形而上学原理——权利的科学 [M]. 沈叔平, 译. 北京: 商务印书馆, 2017.

[65] 杜威. 哲学的改造 [M]. 许崇清, 译. 北京: 商务印书馆, 2017.

[66] 段忠桥. 马克思的分配正义观念 [M]. 北京: 中国人民大学出版社, 2018.

［67］张映芹. 马克思的正义思想及其当代社会公正价值研究［M］. 西安：陕西师范大学出版总社，2019.

［68］徐峰. 正义的张力——马克思、罗尔斯及其他［M］. 上海：上海人民出版社，2020.

［69］林育川. 马克思主义社会正义理论研究［M］. 北京：中国社会科学出版社，2022.

［70］戴维·哈维. 社会正义与城市［M］. 叶超，张林，张顺生，译. 北京：商务印书馆，2022.

［71］洪镰德. 马克思正义观和伦理思想的新近诠释——兼评《马克思、正义和历史》［J］. 现代哲学，1990（4）：22-25，39.

［72］洪镰德. 马克思正义观析评［J］. 北京大学学报（哲学社会科学版），1991（1）：21-31，128.

［73］袁贵仁. 论马克思主义的公正观［J］. 求索，1992（4）：33-38.

［74］王锐生. 对效率与公平关系的历史观审视［J］. 哲学研究，1993（9）：11-17.

［75］陈勇. 论公平与效率的辩证的历史的统一［J］. 哲学研究，1993（10）：29-35.

［76］高清海，胡海波. 人类发展的正义追寻［J］. 社会科学战线，1998（1）：54-64.

［77］段忠桥. 马克思和恩格斯的公平观［J］. 哲学研究，2000（8）：32-35.

［78］吴忠民. 公正新论［J］. 中国社会科学，2000（4）：50-58，205.

［79］吴忠民. 公正：从传统到现代［J］. 中共中央党校学报，2001，5（3）：97-102.

［80］江山. 再说正义［J］. 中国社会科学，2001（4）：106-122.

［81］张俊山. 对"公平与效率"命题的马克思主义分析［J］. 福建论坛（人文社会科学版），2006（8）：15-19.

［82］苗贵山. 批判与超越：马克思恩格斯对正义的追问［J］. 河南大学学报（社会科学版），2006（3）：42-46.

［83］沈晓阳. 马克思主义正义观探要［J］. 马克思主义研究，2006（6）：

62-67.

[84] 王广. 马克思恩格斯对蒲鲁东正义公平思想的批判 [J]. 理论视野,
2006 (4): 49-51.

[85] 陈江玲. 马克思主义公平正义思想解读 [J]. 理论月刊, 2006 (6):
10-13.

[86] 毛勒堂. 超越消费主义——论消费正义 [J]. 思想战线, 2006 (2):
7-13.

[87] 陈红英. 马克思的社会正义思想探析 [J]. 求实, 2007 (3):
9-11.

[88] 倪勇. 马克思主义正义观及其当代走向 [J]. 武汉大学学报 (人文
科学版), 2007 (4): 446-452.

[89] 曹玉涛. 剥削与正义——"分析马克思主义"的理论分歧及问题辨
析 [J]. 湖南师范大学社会科学学报, 2007 (4): 17-20.

[90] 臧峰宇. 马克思政治哲学的现代性批判视野 [J]. 理论导刊, 2006
(11): 44-47.

[91] 齐雅德·胡萨米. 马克思论分配正义 [J]. 林进平, 编译. 马克思
主义与现实, 2008 (5): 14-21.

[92] 王新生. 马克思正义理论的四重辩护 [J]. 中国社会科学, 2014
(4): 26-44.

[93] 涂良川, 胡海波. 论马克思交换正义的人本内涵 [J]. 社会科学论
坛, 2008 (22): 10-15.

[94] 涂良川, 胡海波. 论马克思的分配正义思想 [J]. 现代哲学, 2009
(2): 64-68.

[95] 姚大志. 正义的张力: 马克思和罗尔斯之比较 [J]. 文史哲, 2009
(4): 130-138.

[96] 余京华. 道德·正义·平等: 凯·尼尔森对马克思历史唯物主义的
研究及其当代启示 [J]. 哲学动态, 2010 (5): 37-42.

[97] 曹玉涛. 回归中的重构: 埃尔斯特对马克思正义论的解读 [J]. 哲
学动态, 2011 (5): 48-52.

[98] 文长春. 超越正义, 回归多元生活世界 [J]. 求是学刊, 2011 (4):

14-18.

[99] 林育川. 罗尼·佩弗"激进的罗尔斯主义"的社会正义论 [J]. 哲学动态，2011（8）：48-54.

[100] 刘云凤. 马克思恩格斯公平正义思想与米勒多元正义论比较 [J]. 理论与改革，2012（2）：5-8.

[101] 吴晓珺，刘天喜. "第三条道路"的社会正义思想探析 [J]. 浙江理工大学学报，2013（5）：801-806.

[102] 李义天. 认真对待"塔克-伍德命题"——论马克思正义概念的双重结构 [J]. 中国人民大学学报，2018，32（1）：71-81.

[103] 冯颜利. 基于生产方式批判的马克思正义思想 [J]. 中国社会科学，2017（9）：5-16.

[104] 刘军. 马克思主义公平理论与当代中国的共享发展 [J]. 人民论坛，2017（20）：94-96.

[105] 游朋轩. 精准扶贫的正义性价值研究——基于马克思主义正义观的视角 [J]. 治理现代化研究，2019（5）：83-87.

[106] 马拥军. 历史唯物主义的"实证"性质与马克思的正义观念 [J]. 哲学研究，2017（06）：13-21，128.

[107] 白刚，郜爽.《资本论》：马克思的"批判理论" [J]. 马克思主义与现实，2019（5）：64-70.

[108] 姜涌. 马克思的劳动正义与诺齐克的持有正义 [J]. 理论学刊，2016（4）：23-28.

[109] 林进平. 再论马克思为何拒斥、批判正义 [J]. 学术研究，2018（1）：36-44.

[110] 姚大志. 西方马克思主义对罗尔斯正义理论的批评 [J]. 马克思主义与现实，2022（4）：150-156.

参考文献